# 地獄の法

## あなたの死後を決める「心の善悪」

大川隆法
RYUHO OKAWA

# The Laws of Hell

“IT” follows.....

# まえがき

恐ろしい本が出来上がった。

この二十一世紀の世の中に『地獄《じごく》の法《ほう》』を刊行することになるとは。

この便利で、豊かで、時々、核戦争の恐怖や、コロナ・パンデミックの恐怖に支配される時代に――。

現代にこんな本が書ける著者がいるだろうか。

そう、一人だけいたのだ、東洋のちっぽけな国、日本に。

これが三千百書目となる、彼の本だ。

彼――そう、あなた方の時代に生きながら、あなた方から見れば、遥《はる》かに遠い世界から遣《つか》わされた存在。かつて、アルファともエローヒムともいわれた存在。『地獄の法』とは、姿を変えた『救世《きゅうせい》の法』だ。この一冊の本を読んだか、読まなかったか。あなたは、もうすぐ、別の世界の入口で尋《たず》ねられることだろう。

二〇二二年　十一月

幸福《こうふく》の科学《かがく》グループ創始者兼総裁《そうししゃけんそうさい》　大川隆法《おおかわりゅうほう》

# 地獄の法　目次

## 3　この世の既成《きせい》の権力によって霊的《れいてき》真実が否定《ひてい》された歴史《れきし》　35

## 第2章　地獄の法《ほう》
### ――死後、あなたを待ち受ける「閻魔《えんま》」の裁きとは

# 第3章 呪《のろ》いと憑依《ひょうい》
## ――地獄に堕ちないための「心のコントロール」

# 第4章　悪魔との戦《たたか》い

## ――悪魔の実態《じったい》とその手口を明らかにする

# 第5章　救世主《きゅうせいしゅ》からのメッセージ

## ――地球の危機を救うために

# 第1章

# 地《じ》獄《ごく》入門

――現《げん》代《だい》人《じん》に身近に知ってほしい地獄の存《そん》在《ざい》

## 1　もっと身近に知っておいてほしい地獄《じごく》の存在《そんざい》

これから何回かにわたり、地獄論《じごくろん》についての話をしていこうと思います。本章では入門的な話を中心にしておきたいと考えています。

さまざまな話をしていますが、説法《せっぽう》の数だけ多いと、「何が大事なのかも分からない」という方もいるでしょうし、つかみ切れない方も多いでしょう。

ただ、現代人《げんだいじん》の大部分に教えるとするならば、やはり、「地獄の存在《そんざい》」というのは、もっと身近に知っていただきたいなという気持ちがあります。これも、大きな意味での「救世《きゅうせい》の法」にもなりますし、「救《すく》い」にもなるだろうと思うのです。

現代人が地獄というものを知るきっかけというのは、今では、ほとんどホラー映画《えいが》ぐらいしかもうないのではないかと思われるのですが、ただ、ホラー映画も、必《かなら》ずしも仏法真理《ぶっぽうしんり》に則《のっと》ったものだとは言い切れないものもあります。「恐怖《きょうふ》」というものをエンターテインメントに変《か》えてしまっているところもあって、恐怖産業《さんぎょう》として「娯楽《ごらく》を兼《か》ねたお金儲《かねもう》け」というような面もなきにしもあらずなので、必ずしも、「映画をつくっている人たちが真理を悟《さと》って、人々を導《みちび》こうとして製《せい》作《さく》している」とは言いかねるものもあるのではないでしょうか。

だから、数は多いけれども、「玉石混交《ぎょくせきこんこう》」と言えば聞こえはいいが、「玉《ぎょく》」がほとんどないのではないか、ガラクタの山のような恐怖映画が多すぎるのではないかというふうに思われます。

そういうものをつくれる理由は、すでにその状態《じょうたい》、心のなかはもう地獄になっている人がいっぱいいいるため、親近感があって、材料《ざいりょう》に事欠《ことか》かないということもあるでしょう。

そうした地獄的な現象《げんしょう》を描《えが》くことはできますが、「では、どうすればいいのか、どう対策《たいさく》するのか」というと、ここのところが極端《きょくたん》に弱くなっているのが現代ということだと思うのです。

だから、昔の話としたら、「お坊《ぼう》さんが出てきて成仏《じょうぶつ》させる」とか、あるいは「道士《どうし》のような人が出てきて戦《たたか》い、魔《ま》を撃退《げきたい》する」とか、そのようなものもありますし、あるいは「仏《ほとけ》とか神の功徳《くどく》によって救われる」とか、「お経《きょう》によって救われる」とか、いろいろな話はあったと思うのですが、こうした功徳譚《たん》も、現代ではかなりもう希薄《きはく》というか薄《うす》いものになっていますので、実に厳《きび》しいのです。

特《とく》に心配なこととしてあるのは、せめてお寺とか神社とか教会ぐらいでは、日曜日ごとにでも、神仏の話とか、「実際《じっさい》に魂《たましい》はあって、天国・地獄があるから、こういう生き方は駄目《だめ》ですよ。こういうふうに生きてください」とか、「こういう方は反省《はんせい》してください」とかいう話を聞いて心を悔《く》い改《あらた》め、毎週毎週、振《ふ》り返っていくなど、そういう機会《きかい》がなされているなら、これは機能《きのう》を果《は》たしていると思えるのですけれども、そうでないものが多すぎるのがちょっと残念《ざんねん》です。「もしかすると、もう百八十度違《ちが》うところまで行ってしまっているのではないかな」と思えるものもあるということです。これはとても残念なことです。

何度か触《ふ》れたこともありますが、お坊さんについても、公式に資格認定《しかくにんてい》のようなものがあります。お坊さんを出すような仏教系《けい》の大学等も日本では認可《にんか》されているところがありますけれども、そういうところでも、「仏教というのは無神論《むしんろん》なんだ」というような感じから、「唯物論《ゆいぶつろん》なんだ」というものまであります。

この無神論というのが、「神を説《と》かず」にして「仏を説く」ということで〝無神論〟というなら、呼《よ》び方ですから構《かま》わないですし、許容《きょよう》の範囲《はんい》ですが、「無神論で唯物論だ」というところまで行きますと、いわゆるマルクス的な共産主義《きょうさんしゅぎ》とも違いがほぼない状態になります。

こういう仏教系の大学で専門課程《せんもんかてい》を履修《りしゅう》して、そしてお坊さんになれる資格を認証《にんしょう》され、お寺に派遣《はけん》されて、それで医者が開業できるようにお寺の住職《じゅうしょく》になれるとしても、その根本《こんぽん》のところが間違っていたら、この認定はもうほぼ無意味でしょう。現実にこういうことはあります。

だから、仏教系ならいいかといえば、そこで教えているのが唯物論ということもあるので、これまた困《こま》ったものだなということもあります。

また、哲学《てつがく》なども、もとは宗教《しゅうきょう》と同じようなもので、同根《どうこん》なのですけれども、やや頭のいい人が理屈《りくつ》をひねくり回すことが多かったので、やっているうちにだんだん抽象《ちゅうしょう》的で理論的になってきて、現代では、「哲学」といっても、もう思想でもなくなってきていて、「数学」の一部のようになっています。

数学者と哲学者を兼ねるような感じになっていて、記号論理学の仲間《なかま》になっているような哲学もあって、これは〝救済力《きゅうさいりょく》ゼロ〟でしょう。ほぼゼロだと思うのです。宗教においては異端《いたん》・邪教《じゃきょう》というのはあるのだけれども、それがこういう哲学の世界にまで広がってはいるということです。これは残念なことであろうかなというふうに思っています。

## 2　この世の論理《ろんり》で「宗教的真実《しゅうきょうてきしんじつ》」がねじ曲げられる怖《こわ》さ

### 共産主義《きょうさんしゅぎ》の手先となった宗教系《けい》大学総長《そうちょう》による信教弾圧《しんきょうだんあつ》

それから、宗教《しゅうきょう》のなかでも、やはり、その設立時《せつりつ》に「悪魔《あくま》に入られた」というか、「地獄《じごく》的な理由」によって設立されているものもあるので、こういうものも困《こま》ったものだなと思うこともあります。

政治権力《せいじけんりょく》とあまり結託《けったく》しすぎて、政治利用《りよう》されている宗教としてスタートしたところなども、正しければいいのですけれども、間違《まちが》ったものもよくあります。

「この世の権力だけでは十分でないので、神とか仏《ほとけ》とかを引っ張《ぱ》り出してきて民衆《みんしゅう》を脅《おど》す材料《ざいりょう》に使う」という統治《とうち》の仕方もあることはあるので、このへんも気をつけなければいけないところです。その信仰《しんこう》の末流《まつりゅう》にある者たちは気の毒《どく》だなと思うしかありません。

私どもも幸福の科学大学というものをつくるつもりで文部科学省《しょう》に申請《しんせい》しましたが、だいたい、審議会《しんぎかい》のほうに投げて、そちらの判断《はんだん》に委《ゆだ》ねるようなかたちで責任逃《せきにんのが》れをしています。学識経験者《がくしきけいけんしゃ》に委ねるような感じでやらせて、政治家のほうの責任逃れをすることが多いのです。

一回目に申請したときは、その審議会の長《ちょう》をやっていた方はキリスト教系《けい》で大学の総長《そうちょう》をしていましたが、著作《ちょさく》は一冊限《さつかぎ》りで、一冊しか著作がないのに、なぜか中国政府《せいふ》などからやたら名誉博士号《めいよはくしごう》とか勲章《くんしょう》とかをもらっている方でした。もう完全《かんぜん》に向こうに〝餌付《えづ》け〟されているというか、共産主義《きょうさんしゅぎ》の走狗《そうく》と化している状態《じょうたい》ではないかと思われます。キリスト教のなかにも、そういうところもあるのです。共産主義のほうと戦《たたか》っている政治もありますので、そちらのほうから手を伸《の》ばしてくるところがあるのです。

そういうところが例《たと》えば大学設立の審議会の一回目のときに出てきましたけ

れども、中国や韓国から名誉博士号等をいっぱいもらっていると聞いて、「ああ、これは悪いのに当たったな」と私も思いました。

だから、頭のなかの基礎《きそ》が「既成《きせい》の権力を護《まも》るためにのみ宗教を使うことはできるが、それを脅《おびや》かすようなものに対しては認《みと》めない」という感じになるでしょうし、共産主義的な考え方が入っているなら、「神秘《しんぴ》的な現象《げんしょう》は基本的には否定《ひてい》してくる」ということになるだろうと思われるのです。

大学の設立の趣旨《しゅし》等は文書で届《とど》けられて、その文書に書いてあるもので判断して決めなければいけないのですけれども、文書に書かれていない部分、例えば当会であれば「霊言集《れいげんしゅう》を出している」という、その申請書の理由外の事情《じじょう》により、「この宗教は霊言集が出ている。だから学問的でない。だから大学認可《にんか》できない」というようなことをやられましたが、はっきり言って憲法違反《けんぽういはん》そのものだと思うのです。（またこの時期、自民党《じみんとう》が旧《きゅう》・統一教会と蜜月《みつげつ》状態であったことも、大学不《ふ》認可の要因《よういん》の一つと推定《すいてい》される。）

神仏《しんぶつ》あるいは高級霊、天使たちからの霊示《れいじ》・啓示《けいじ》、あるいは神秘現象等が起きている宗教はたくさんあり、「信教の自由」を言う以上《いじょう》、そんな、「神秘現象が起きるという宗教は本物ではない」などという定義をつけられたら、それは明らかに信教弾圧《だんあつ》になりますので、その判断理由は明らかに間違っていると思われますが、そういうものが堂々《どうどう》とまかり通っているのです。また神秘現象は、「霊感商法」と俗称《ぞくしょう》されるものとは、別《べつ》のものです。宗教全体の発生と存在《そんざい》に普遍《ふへん》的に関《かん》係《けい》します。

だから、法律《ほうりつ》的にも憲法学的にも間違っています。法律判断として、大学の認可は書面審理によってしなければいけないところを〝それ以外のこと〟――大学を申請した母体の〝宗教活動そのもの〟を取って否定してきているということは、「すでにエスタブリッシュメント（確立《かくりつ》）というか認められている宗教以外は、全部、偽物《にせもの》だ」というような判定をしているのとほぼ一緒《いっしょ》でしょう。

しかし、同じく文部科学省から認証《にんしょう》を受けている宗教法人が母体ですので、これは論理矛盾《ろんりむじゅん》を完全に起こしています。「時の政権が、ただ政治利用できるかどうか」という判定だけで、「政治利用できるものならちょっとポジティブに考えてもいいけれども、政治的にマイナスならそうではない」というようなことです。

そういうふうな、「霊言集が出ている」という言い訳《わけ》も使われましたが、このほうがマスコミとかに通じやすいと思ったのだろうと思います。

それ以外には、「経済学《けいざいがく》で減税《げんぜい》論者ばかり並《なら》べている」といったことで、「だから認可できない」というようなことも言っていましたが、経済学だって「学問の自由」があるわけです。これも、憲法上、「学問の自由」があるので、増税《ぞうぜい》論者もいてもいいけれども、減税論者がいたとしてもいいわけです。

一般《いっぱん》的に言えば、酷税《こくぜい》というか酷な税は人心《じんしん》を荒廃《こうはい》させて国が滅《ほろ》びていくもとになるし、江戸《えど》時代あたりでも「五公五民《ごこうごみん》」、年貢《ねんぐ》を半分以上取ったらだいたい暴動《ぼうどう》が起きるということになっています。

今は、税金というかたちでなくても、それ以外のいろいろなかたちで、実質《じっしつ》以上の税金に当たるものを取っています。「年金」だとか「保険《ほけん》」だとか、いろいろな理由で取っていっていますので、考えてみれば五割《わり》ぐらいはもうすでに税金を取られています。

それで財政《ざいせい》赤字がものすごく積《つ》み上がっている状態になっていますので、これは、「政府のほうがちゃんとこの借金《しゃっきん》体質を改《あらた》めるべく、まずは自分らの経費節《けいひせつ》減《げん》からやり、無駄金《むだがね》を使わないようにやって、国民のほうも正しい働《はたら》き方をして、正しい税金を納《おさ》めて、正しく使っていただく」というふうな健全《けんぜん》な社会に変《か》えていかなければならないわけです。

減税論であったとしても、それが「無駄金がないかということをもう一度検証《けんしょう》する」ということなら、学問としては十分に意義があることであるし、現実には、アメリカのレーガン政権の時代や、あるいはトランプ政権の時代等は減税を行いましたが、景気《けいき》はよくなって、実際《じっさい》上、税収《ぜいしゅう》は増《ふ》えていっておりますので、学問的にこれは間違っているとは言えないのです。

そういうことで、「役人の論理」にしかすぎないわけです。税金が増えれば役人および政治家は権力が増えますので、そうなりますが、〝自分たちの利害《りがい》〟で「善《ぜん》か悪か」「真《しん》か偽《ぎ》か」を判断しているというならば、間違いがあると思うのです。

## 「地獄《じごく》的な設立《せつりつ》をした宗教《しゅうきょう》」と、「政治《せいじ》的圧力《あつりょく》」によって間違《まちが》える判断《はんだん》とは

一回目の審議会のときにもそんな感じを受けましたが、二回目の大学申請をしたときも、今度は審議会の委員が替《か》わって、次の人は、これまたキリスト教の大学総長経験者が座長《ざちょう》でありました。（『英国国教会《えいこくこっきょうかい》』）

大学で政治《せいじ》思想的なものを勉強した人ですが、ルソーについての研究で、その人も助手のときの論文を伸ばして本にしたものが一冊あるのみで、また先ほどの人と同じような感じですけれども、本は一冊だけで、そして、あるキリスト教系の、中世にできた宗教《しゅうきょう》を母体にする大学の総長経験者でありました。

私たちが宗教的に見ても、その宗教の設立《せつりつ》には問題があると思います。

ローマ・カトリックの支配《しはい》権から逃れたくて、独立《どくりつ》するために、国王が教祖《きょうそ》になる感じの宗教になって、やっていたものです。カトリックのほうがいろいろと国王の結婚《けっこん》や離婚《りこん》にも口を出してくるから、カトリックと決別するために新しい宗教をつくって、国王をその祭司《さいし》にもなるような立場にしたわけですが、それまでは、離婚できないなら奥《おく》さんを殺《ころ》してしまうということで、いっぱい人も殺していたのです。そういうところが、その宗教の発生源《げん》になっているのです。その流れを汲《く》むキリスト教を母体にした大学の総長経験者で、そして学問研究としてはルソーをやったようです。

ルソーというのはこれまた、「ルソーを研究した人はみんな左翼《さよく》になる」と言われているぐらいなのですが、ルソーは結婚はしていないのです。結婚はしていないのに子供《こども》は五人いて、ほかの人に産《う》ませたということですが、全部、孤児院《こじいん》に放り込《こ》んでいるのです。五人の子供を産ませて、孤児院に放り込んでいます。

この人が『エミール』などといって理想的な教育論を書いているのです。

これに惹《ひ》かれて教育論をつくっている人がいっぱいルソー派《は》のなかにもいますけれども、だいたい、子供を五人つくって、全部、教育放棄《ほうき》して、養育《よういく》も放棄して、孤児院に放り込むような人に教育論を説《と》く資格《しかく》はないと、私は思うのです。まあ、いい子も悪い子もいるでしょうし、大人になってからは自己《じこ》責任にはなるでしょうが、産ませたら、子供時代に全部、孤児院に放り込むような人に、そんな資格はないと思うのです。

〝そんな人〟の研究をした人であり、「地獄《じごく》的な設立をしたキリスト教会」（ヘンリー八世は悪魔になっている）と一体化したところの大学で総長をしていた人に審議されたということでしたが、その途中《とちゅう》で政治的な圧力《あつりょく》もありました。

「拒否《きょひ》されるよりは、取り下げたほうがいいのではないか」という圧力もあって、いったん取り下げてもう一回考えることにしましたが、こういう「いろいろな力関係」と「この世的なもの」が入ってくるものだと、もう純粋《じゅんすい》に正しさを追究できないし、「間違《まちが》ったもののほうに判断《はんだん》されるのはちょっとたまらない」という感じはあります。

## この世的な「論理《ろんり》」「常識《じょうしき》」「権力《けんりょく》」から独立《どくりつ》していないと宗教的《しゅうきょう》真理は護《まも》られない

この世で今、プリベイル（広がる）というか流行《はや》っているものとか、エスタブリッシュ（確立）しているものが、間違ったものとしてすでに固《かた》まっているような感じだったら、もうどうしようもないレベルですので、もはや、「ある程度《ていど》、自分たちで、自分たちの信じる道を歩むしかない」という方法もあるかなと思ってやっています。

ですから、〝大学〟を卒業《そつぎょう》した人に、「資格をやらないぞ」と、政治権力《けんりょく》のほうから圧力がかかっているわけです。

ただ、ＨＳＵ（ハッピー・サイエンス・ユニバーシティ）の卒業生は、教団《きょうだん》の職員《しょくいん》にもなれたり、教団に関係がある、あるいはシンパの企業等《きぎょう》で、ちゃんと大卒扱《あつか》いで採用《さいよう》いただいて就職《しゅうしょく》できるということで、九十八パーセント以上、大卒扱いで就職できているようです。

これは「インディペンデント（独立《どくりつ》した状態）」ということです。独立していないと、要《よう》するに、基本的な宗教《しゅうきょう》としての教義とか、その内容《ないよう》までねじ曲げなければいけなくなってくるわけですから、これは怖《こわ》いことで、宗教としては屈《くっ》してはならないところです。

だから、「この世的な論理《ろんり》」と「この世的な固まった常識《じょうしき》」に負けてはならない面はあると思います。

「民主主義」という言葉も、今、例えばアメリカの大統領《だいとうりょう》は「民主主義を世界に広げる」ということを錦《にしき》の御旗《みはた》でやっていますけれども、そうは言っても北朝鮮《きたちょうせん》だって民主主義だと思っているのです。中国だって民主主義だと思っているのです。

やはり、民主主義というだけではちょっと正当性はないので、その中身の問題が次に出てくるのだと思うのです。

例えば、中国なども、香港《ホンコン》では返還《へんかん》後、五十年間は前の制度《せいど》を維持《いじ》しなければいけないことになっていたのに、もう二十五年目で完全になし崩《くず》しにしています。「制度は維持している」という建前《たてまえ》ではあるが、「愛国者《あいこくしゃ》でなければ立候補《りっこうほ》できない」ということになりますと、「愛国者」の意味が共産党員あるいは共産党支持ということですから、「共産党に反対する人たちは政治家にはなれない」ということになり、これは基本的に、政治的な自由がないのと一緒です。立候補の自由がないし、投票《とうひょう》の自由もありません。民主主義というのはかたちばかりです。そういうこともあると思います。

民主主義でも、「信仰のある民主主義」と「信仰のない民主主義」もあると思うのです。

そのように、宗教的真実というのが何かということは、この世では分かりにくくなっているし、価値観《かちかん》が逆《ぎゃく》になっていることもあります。この世的な権力とか地位《ちい》とか、そういうものを持っている人に、とても圧力をかけられたり判断されたりして、この世的には苦労《くろう》することも多いのです。

## 3　この世の既成《きせい》の権力《けんりょく》によって霊的《れいてき》真実が否定《ひてい》された歴史《れきし》

### 迫害《はくがい》や政治利用《せいじりよう》をされてきた過去《かこ》の宗教者《しゅうきょうしゃ》・文学者たち

今、大宗教《だいしゅうきょう》になっているようなところであっても、昔は迫害《はくがい》されたところがいっぱいあるのは、そういう根本的な価値観《かちかん》の変革《へんかく》を目指しているものは、基本《きほん》的に、現有勢力《げんゆうせいりょく》というか既成《きせい》の権力《けんりょく》とぶつかる面がどうしてもあるからです。

## ・信仰《しんこう》を捨《す》てるよう迫害《はくがい》され続《つづ》けた「キリスト教徒《きょうと》」たち

早ければ五十年ぐらいで、権力に認《みと》められて、なかに入《はい》れるものもありますけれども、キリスト教のようなものでも、二百年、三百年と迫害《はくがい》は続《つづ》いていました。十字架《じゅうじか》あるいは逆《さか》さ十字に架けられて、石礫《いしつぶて》で殺《ころ》されるような受難《じゅなん》が二百年、三百年と続いていますし、キリスト教徒《きょうと》がローマのコロッセウムで、剣闘士《けんとうし》の代わりにライオンに追われて見せ物にされ、食べられるようなこと、「信仰《しんこう》を捨《す》てたら許《ゆる》すが、捨てなかったらライオンの餌《えさ》にする」というようなことが、現実にやられていたわけです。

そういう時代があって、その瞬間《しゅんかん》に神が降《お》りてきて、みんなを救《すく》ったりはしていないので、厳《きび》しいことは厳しいですが、その受難に耐《た》え忍《しの》んで、信仰を護《まも》り抜《ぬ》けるかという試練《しれん》は、やはりあるわけです。

それで遺《のこ》る宗教もあれば、消えてしまう宗教もあります。

### ・教祖《きょうそ》が皮剝《かわは》ぎの刑《けい》で殺《ころ》され、消滅《しょうめつ》まで追い込《こ》まれた「マニ教」

マニ教のように、一代で世界宗教までいったん広がったのに、最後《さいご》は、教祖《きょうそ》が皮剝《かわは》ぎの刑《けい》になって、そして殺《ころ》されて、宗教自体が消滅《しょうめつ》まで追い込《こ》まれたというものもあります。

普通《ふつう》は、「キリスト教のあとにできたのがマニ教だから、キリスト教によってやられたのだろう」と思いがちではあるけれども、実際《じっさい》にマニを死刑に追い込んだのはゾロアスター教だということは分かっています。

ゾロアスター教というのは、「マニの前身がゾロアスターだった」ということに当会の霊査《れいさ》ではなっていますので、「自分がつくった昔の宗教によって自分が殺される」というようなことがあるわけです。

『ゾロアスター　宇宙の闇の神とどう戦うか』（幸福の科学出版刊）

## ・国外追放される「イエスの生まれ変《か》わり」を描《えが》いたドストエフスキーの小説《しょうせつ》

あるいは、キリスト教のほうでも、「イエスが生まれ変《か》わったら迫害されるだろう」という予言もあるわけです。

これはときどき言っていますけれども、『カラマーゾフの兄弟』のなかの「大《だい》審問官《しんもんかん》」というところで、十六世紀《せいき》ぐらいにイエスの生まれ変わりと思《おぼ》しき人が出てきて、病人を治《なお》したりして、イエスのさまざまな業《わざ》をし始めるのです。大審問官のほうは、「それはイエスの生まれ変わりである」ということは分かっているのだけれども、「今ごろ来てもらっても困《こま》るんだ。教会制度《せいど》はもう出来上がっているんだ。おまえの入ってくる余地《よち》はないんだ。おまえなんか要《い》らないんだ」と言うのです。

要《よう》するに、教会制度は悪魔《あくま》にもう乗っ取られているので、「悪魔の仕事を邪魔《じゃま》するなら、おまえを死刑にしてもいいところだけれども、罪《つみ》一等減《げん》じて、国外追放にしてやる」ということで、そのイエスの生まれ変わりの人は国外追放にされてしまうというものです。

これは本当に九十九パーセントそうなるであろうという可能《かのう》性は、極《きわ》めて高いです。

こういうふうな趣旨《しゅし》の内容《ないよう》を、『小説《しょうせつ》　十字架の女①〈神秘編《しんぴへん》〉』という本のなかにも、一部反映《はんえい》させています。

現代に、そうしたイエスが起こしたような奇跡《きせき》を起こす人、聖女《せいじょ》が出てきたら――これはアグネスというシスターですけれども――今度は、教会は認めたくないので、〝悪魔の力〟だということを証明《しょうめい》したくなって、アグネスは自分が迫害されると思って、教会からも逃《のが》れるという部分を出しています。

歴史《れきし》的には、そういう部分も評価《ひょうか》して考えて、この小説

『小説　十字架の女①〈神秘編〉』（幸福の科学出版刊）

に入れてあります。

・神秘現象《しんぴげんしょう》を取り去ったイエス像《ぞう》を書いて迫害《はくがい》を逃《のが》れたトルストイ

ドストエフスキーは、そういった「カラマーゾフ」を書きましたが、同じころに有名な人ではトルストイもいます。

トルストイも『聖書《せいしょ》』を書いているのですけれども、トルストイが書いた『聖書』は、もうすでに神秘現象《しんぴげんしょう》を一切《いっさい》取り去った『聖書』で、道徳《どうとく》的なイエス像《ぞう》を教えとして書いています。「それならば受け入れられる」というぐらいの土壌《どじょう》だったのだろうと思うのです。道徳の代わりとしてのキリスト教を書いたわけです。

これは、〝オリジナル〟から見ればかなり情《なさ》けない話ではあるけれども、体制のなかにあって、その文学を書いて認められて生活していくためには、やはり、その程度《ていど》まで奇跡等は削《けず》って、道徳的なキリスト教を書けば、受け入れられて迫《はく》害《がい》されないで済《す》むという計算は働《はたら》いたのだろうとは思います。

ただ、それに反抗《はんこう》したというか反対した人もいるともいわれています。明治《めいじ》のころにアメリカに留学《りゅうがく》した津田梅子《つだうめこ》という人は、キリスト教の勉強をして帰ったのだろうけれども、トルストイをやたら憎《にく》んだという説もあります。トルストイの『聖書』などを見れば、そういう奇跡現象を全部取り去っていますから、もう本当に、「このへっぴり腰《ごし》は何とかならんのか」と思ったところがあったかもしれません。詳《くわ》しくは存《ぞん》じ上げないので言いませんけれども、そういう人もいるかもしれません。

### ・無神論《むしんろん》・無霊魂論《むれいこんろん》のように使われ、国の統治《とうち》に利用《りよう》された「孔子《こうし》の儒教《じゅきょう》」

孔子《こうし》などもそうです。中国の儒教《じゅきょう》の孔子も二千五百年にわたって中国に影響《えいきょう》は与《あた》えてきましたが、やはり立身出世《りっしんしゅっせ》の学のほうばかり体制にだんだん使われて、孔子の言葉のなかの「われ怪力乱神《かいりきらんしん》を語らず」「自分は超能力《ちょうのうりょく》とか怪《あや》しげな神様の話などはしない」というようなことを言っている部分を大きく捉えて、無神論的に使える部分を取り出して強調する、そういうところもあるのです。

また、死後の世界について問われ、問答しているときに、「われ未《いま》だ生を知らず、焉《いず》くんぞ死を知らんや」ということを言っています。「まだ、人間の生ということを、生きるということを十分に分かり切っていないのに、どうして死後のことなんか語れようか」というようなことを言っている部分が論語のなかに入っています。こういうところだけをつまみ出して、無神論・無霊魂論《むれいこんろん》等に使うのが時の権力であるのです。

そして、彼の持っている政治《せいじ》的思考のところをうまく使って、臣下《しんか》には上に対する礼儀《れいぎ》を尽《つ》くさせて、「忠義《ちゅうぎ》」の心を強調する。そこをうまく統治《とうち》に使う。そのために科挙《かきょ》というものをやって、孔子が中心に説《と》いたものといわれている「四《し》書五経《しょごきょう》」を中心にした試験《しけん》をやっていました。要するに、今と一緒《いっしょ》です。今の中国と一緒なのです。「愛国者《あいこくしゃ》でない者は採用《さいよう》しない」ということです。

司法《しほう》試験に当たるとも、公務員《こうむいん》試験に当たるともいわれるような科挙制度が千年以上《いじょう》続いていましたけれども、それを通るためには、結局《けっきょく》そういう統治の側《がわ》に有利《ゆうり》な思想で、満点《まんてん》に近い成績《せいせき》を取らないといけないわけです。そういう点数で秀才《しゅうさい》と判定《はんてい》されたところで、本当にその人が真理に則《のっと》って生きている人かどうかなんて分かりはしません。だから、利用しがいがある人だけを採《と》っているということです。

そういうことで、宗教的思想を説いたりしても〝いいところ〟だけを使われて、〝都合《つごう》の悪いところ〟は消されて利用されることが多くて、宗教と政治というのは共通《きょうつう》しているところもあるが、相反《あいはん》するところもあって、とても難《むずか》しいのです。

## 後世、歪《ゆが》められたキリスト教や仏教《ぶっきょう》での「富《とみ》の否定《ひてい》」の事例《じれい》

また、宗教は、「経済《けいざい》」とも共通するところもあるが、相反するところもあります。

カトリックに対してプロテスタントが流行《はや》った理由は、やはり、ちょうど資本《しほん》主義の勃興《ぼっこう》の時期に当たっていたからでしょう。「この世で仕事が成功《せいこう》して、商売繁盛《はんじょう》して、栄《さか》えるということは、神の栄光《えいこう》をこの地上に降ろすということになる」ということです。

また、「予定説」というのがあって、「その人が救われるか救われないかは、もうあらかじめ予定されているのだ」というようなことで、「この地上で勤勉《きんべん》に働いて大金持ちになったら、これは神の祝福《しゅくふく》を受けていることで繁栄しているというこことだから」ということで、富《とみ》の肯定《こうてい》が、新教、プロテスタントには入っています。

カトリックのほうは、何かお金に対する拒否《きょひ》感のようなものがあるわけで、お金儲《かねもう》けはあまり賛成《さんせい》の考えではないのです。確《たし》かに、『聖書』のなかにそういう部分もあります。「金持ちが天国に行くのは、ラクダが針《はり》の穴《あな》を通るよりも難しい」というような言葉がありますので、それだけを取れば、教えとしてこれを共《きょう》産《さん》主義的に引っ張《ぱ》っていくことはできます。

周辺《しゅうへん》の事情《じじょう》がいろいろありますから、いろいろな教えが説かれますけれども、あくまでも対象があって説かれている教えです。そのため、金持ちでも、その人が強欲《ごうよく》な考えを持っている金持ちに対しては、その教えは有効《ゆうこう》でしょうけれども、そうではない人に対しては必《かなら》ずしも有効なものではないでしょう。

あと、イエスの当時の立場にもよるでしょう。教団《きょうだん》を大きくして率《ひき》いていた場合だったら言い方は違《ちが》ったかもしれないけれども、本当にまだ勃興したばかりの新宗教というレベルであったら、大金持ちで何も悪いことをしたことがないという人が来て、「家へ帰って、自分の持ち物や財産《ざいさん》を売り払《はら》って、貧《まず》しい者へ施《ほどこ》しなさい」などと言われたら、「ああ、それではとてもじゃないけれども、この宗教についていけない」と思って、すごすご帰っていったような人もいるわけです。

それは対機説法《たいきせっぽう》ですので、相手によって言うことが違うということはあるでしょう。全部に対して言っているわけではもちろんないと思います。

ただ、当時のユダヤ教の内部では、もうほぼローマの植民地《しょくみんち》と化していたのにもかかわらず、なかでは、ユダヤ教の教師《きょうし》であるラビとか、あるいは、そのなかの大金持ちになっている人たちとかは階級があったのでしょうから、彼らの既成の権力を護ることがユダヤ教にとっても当時、大事だったのでしょう。だから、それを引っ繰《く》り返すような思想に対しては、抵抗《ていこう》はあったのだと思います。

このへんが本当に後世になってくると、弟子《でし》の頭では理解《りかい》できない部分になってくることがあります。

仏教《ぶっきょう》にも同じようなところはあります。

山道《やまみち》を歩いていて金貨《きんか》が落ちていたのを見て、釈尊《しゃくそん》が「ああ、危《あぶ》ない、危ない。毒蛇《どくじゃ》が口を開けている」というようなことを言っていることがあります。金貨が落ちていて、それを拾ったりしていると、僧侶《そうりょ》としての修行《しゅぎょう》を怠《おこた》って堕落《だらく》してしまう恐《おそ》れがあるから、それを戒《いまし》めた教えです。

そういうものが遺っていて、これだけを取ってこられたら、本当にお金が「穢《けが》れたもの」というだけになります。

だから、小乗仏教《しょうじょう》のほうでは、お金を直接《ちょくせつ》、手でもらうことはいけないことになっていて、「いったんハンカチのようなものや風呂敷《ふろしき》のようなものを土の上に広げて、その上にお金を置《お》いてもらって、それで包《つつ》んでお布施《ふせ》を受け取る」「触《さわ》ったら穢れだ」というようなことを言っているところもあります。ただ、やや形式に堕しているところはあるかと思います。

・「交通事故《じこ》」のたとえに見る、「善悪《ぜんあく》」を極端《きょくたん》に考えることの危《あや》うさ

こうした善悪《ぜんあく》の考え方については、〝一般的《いっぱん》危険犯《きけんはん》〟の問題でしょう。例《たと》えば、車の運転をしたら事故《じこ》を起こして相手を死なせたり自分が死んだりすることもある。これは、間違ってはいないでしょうし、そのとおりですが、「だから、車は絶対《ぜったい》に乗ってはいけない」というところまで来たら、ちょっとどうなのかなということはありましょう。

交通事故によって、日本では例えば一年間に一万人ぐらい死んでいたときもありますし、超《こ》えていたときもあります。今はちょっと減《へ》ってきて、何千人ぐらいになってきていると思います。もう麻痺《まひ》しているからよく分からないけれども、本当に、もし急にそれが今出てきて、「車を売って何千人も人が死んでいるんだぞ。そんなことで商売していいと思うのか」と言われたら、それは〝凶器《きょうき》〟を売っているようにも見えなくはないでしょう。

ウィルスが流行ったとしても、日本だったら年数千人とか一万数千人とか、ウィルスでなかなかそんな簡単《かんたん》には死なないのです。感染《かんせん》はしますけれども、そんなには死なない。しかし、車では、もう万の単位《たんい》が確実に毎年死ぬとしたら、車をつくり始めてから死んだ人の数を数え上げたらいったい何人になるかといったら、それはすごい数でしょう。百万を突破《とっぱ》しているかもしれません。

ですから、それは考え方でしょう。

「それは凶器だ」「走る凶器だ」と考えればそのとおりではあるけれども、やはり便利《べんり》さで勝てない面があるでしょう。鉄道がみんな走っていればそれでいいのでしょうけれども、鉄道のない所もあるし、船で行けない所もあるし、空港から飛行機《ひこうき》に乗りたくても空港まで遠い所もある。事故が起きることがあっても、やはり車があるほうが便利だから、人が死んでもそれは保険《ほけん》か何かでカバーすることにして、なかなか「車をなくせ」という運動までは行かないではいます。

その代わり、運転技術《ぎじゅつ》の向上とか、安全性を高めるための工夫《くふう》とかをいろいろしています。曲がり角で反対側から入ってくる車とぶつかったりしないようにするには、そこにミラー、鏡《かがみ》が入っているだけでも分かって事故を防《ふせ》げるし、夜だったら、ライトをちゃんとつけているだけで、事故を起こさないで済むこともあります。右側通行、左側通行のようなものを決めておくだけでも事故は起きないし、交差点《こうさてん》でどういうふうに動くかということを、キチッとルールを守らせているだけでも事故は減る。そういう努力《どりょく》も一方ではしているのです。

このように、「善悪」といっても、難しい面はやはりあることはあるのだということです。

## 4 天国・地獄《じごく》を教えてくれるところがないのはなぜか

### 現代《げんだい》で知っておいてほしい、魂《たましい》や「転生輪廻《てんしょうりんね》の思想」

例《たと》えば、原始仏教《ぶっきょう》をそのまま使うとしたら、やはり、「生き物の命を奪《うば》うことはいけないこと」ということにもなります。

そうすると、釈尊《しゃくそん》が生きていたときの仏教でも、山で鳥獣《ちょうじゅう》を獲《と》る猟師《りょうし》とか、海や川で魚を獲る漁師《りょうし》とかも、いちおう穢《けが》れた職業《しょくぎょう》ということになっていて、出家《しゅっけ》は許《ゆる》されなかったし、信者《しんじゃ》になることを許されなかったこともあります。ちょっと気の毒《どく》な面はあるのですけれども、スタート点においてはそうとう純粋《じゅんすい》な考え方を持っていたのだろうとは思うのです。

いまだにその風習は遺《のこ》っています。それは仏教だけではないかもしれず、その前のインドのバラモン教からの流れを汲《く》んでいるものだとは思います。

西洋のほうでは、「人間にしか魂《たましい》が宿っていない」と考えているから、動物を殺《ころ》して食べることに罪悪感《ざいあく》がないのです。豚《ぶた》や牛等を殺そうと、鳥を殺そうと、魂はないと思っているから、平気で肉を割《さ》いて食べられるのですけれども、東洋系《けい》のほうでは、「人間以外《いがい》の動物にも魂が宿っている」という考え方があるので、ここのところを厳格《げんかく》に考える場合もあります。

日本では、ビーフカレーとかが平気で国民食《こくみんしょく》のように食べられて、子供《こども》も喜《よろこ》んで食べていますが、インド人を日本に呼《よ》んでビーフカレーを食べさせたら、「今のカレーにはビーフが入っていたんだよ」と言われたとたんに、もうアレルギーを起こして、もしかしたらショック死する可能性《かのう》もあるぐらいです。

牛はインドでは「神様のお使い」といわれていますので、牛を殺さないのです。

インドでは、道路の真ん中で牛が寝《ね》そべっていても車のほうが避《よ》けて通るというレベルですので、牛もとても穏《おだ》やかな天国的な顔をしています。目も優《やさ》しいのです。「食べられる」と思ったら悲壮《ひそう》な顔になってきますけれども、絶対《ぜったい》に食べられないのを知っているから、すごく柔和《にゅうわ》な感じではありません。

ただ、ちょっと近代化を遅《おく》らせている面はあると思うのです。「道路のなかで牛が寝ているために動けない」とかそういうことが起きて、ラッシュアワー時などに困《こま》ったりすることも、やはりあります。

でも、インドを回ってカレーを食べてみると、出てくるのはタンドリーチキンぐらいです。チキンはどうも食べてもいいらしいのだけれども、それ以外のものは食べてはいけないということで、豆と野菜《やさい》とかそんなもののカレーばかり出てくるので、ちょっと、日本人的にはおかしくなってしまう面もあるかと思います。

おそらく、その思想には、仏教がオリジナルというわけでもなく、仏教の前からあった思想ではあるのですけれども、たぶん、「転生輪廻《てんしょうりんね》の思想」が流れているからだと思うのです。

転生輪廻の思想のなかに、「人間でも、生き方がもう人間としては認《みと》められないような、畜生《ちくしょう》というか動物のような生き方をした人は、来世《らいせ》は動物に生まれ変《か》わる」という思想自体はあったのです。こうした転生輪廻の思想自体が仏教のなかに流れ込《こ》んでいます。これ自体は否定《ひてい》していないのです。

インドに行ったら、川で大きな黒鯉《くろごい》のようなものが泳いでいるのです。「食料《しょくりょう》不足《ぶそく》ならこれを獲って食べたらいいのに」と思うのですけれども、「いや、〝おじいさん〟かもしれない、〝おばあさん〟かもしれないとか思うと食べられない」と言うので、このへんも難《むずか》しいところです。

ただ、「動物に魂がない」という西洋の考えは、実は間違《まちが》ってはいるのです。羊だって魂はあるし、牛にだって魂はあるから間違っているのですが、それは、イエスが説《と》いていないからです。それについて、「魂があるか」は説いていない。

しかし、もっと前、イエスより遡《さかのぼ》ること何百年かのプラトンの思想――ソクラテスが説いたということになっていますけれども――ソクラテス、プラトンの思想を見れば、動物に生まれ変わることがあることを、ちゃんと哲学《てつがく》のなかに書いてあります。幾《いく》つかのものに書いてあります。

例えば、「この世で勇気《ゆうき》を持って生きた人間はライオンに生まれ変わる」とか、「身の潔白《けっぱく》を証明《しょうめい》したい人は白鳥に生まれ変わる」とかいろいろ書いてあるので、古代の転生輪廻の思想は、同じようなものをちゃんと持っているのです。

そうしたことは哲学のレベルでは入っていたのに、イエスの時代に三年間の伝道《でんどう》では説けていないのです。

例えば風習として、向こうでは、血で字を書いたりします。印鑑《いんかん》の代わりでしようか、血で血文字を書いたりするのです。羊の血とかを抜《ぬ》いて、それで字を書いたりもするし、祭りとなったり、あるいは歓迎《かんげい》となったりしたら、羊やヤギを潰《つぶ》したりします。羊とヤギがどう違うかはよく分からないのですけれども、羊は平野で生きているが、ヤギはどうも山場で生きているらしいので、多少違いはあるのだと思うのですが、それを潰して食べたりとかはするわけです。

そういうことがあるので、これは罪《つみ》ではなかったのだろうと思います。もちろん、それを盗《ぬす》んだりすれば財産権《ざいさんけん》の侵害《しんがい》になるから、罪にはなります。

このへんの、ちょっと伝統《でんとう》的な風習もあるので真実のところは分かりにくいところもあります。

私が、現代《げんだい》、二〇〇〇年代の立場で霊査《れいさ》してみるかぎり、転生輪廻として「動物に生まれることがあるか」、あるいは「動物が人間に生まれることがあるか」ということを率直《そっちょく》に訊《き》かれたら、「ある」と答えざるをえないのです。

パーセンテージとして、みんながみんなそうなるというわけではありませんけれども、それが最善《さいぜん》と思われる場合はそういう選択肢《せんたくし》があるということをやはり認めざるをえないので、実際《じっさい》に「ある」のです。

だから、これは知っておいてほしいのです。これはもうだいたい、昔話としてしか思っていない人が多いのです。

## 自然《しぜん》科学の発達《はったつ》により無神論《むしんろん》・唯物論《ゆいぶつろん》化してしまった仏教学《ぶっきょうがく》や哲学《てつがく》

仏教学者《ぶっきょうがくしゃ》でも、戦後《せんご》の大仏教学者もそうですし、戦前の、明治以降《めいじいこう》の仏教学者あたりから西洋的な思想も一部入っているのかもしれませんが、「人間が動物に生まれ変わったりもする」というようなことを、もう、「バカバカしい昔話とか、教訓話《きょうくんばなし》、人を脅《おど》して道徳《どうとく》的にするためのたとえ話だろう」ぐらいにしか思っていない学者もいるわけです。

それだけで済《す》めばいいのですが、さらにもう一歩進めてしまって、「人間には魂もない」「仏教は無霊魂説《むれいこんせつ》なんだ。無神論《むしんろん》・無霊魂の説なんだ」と、ここまで話を進める人がいるのです。そして、「それが仏教の近代化だ」と思っている人がいます。

しかし、「ちょっと待ってください」というところはあります。〝部分〟を取ってそう言っているのだと思うけれども、それだったら、共産主義《きょうさんしゅぎ》のマルクスが言っている、「もう神も否定し、霊魂も否定し、〝この世だけの幸福〟しかないので、この世で幸福になるためにはどうするかというと、人が働《はたら》いたものを分配してでもみんなが同じになって平等になればいい。それで幸福になれる」という思想に本当に近づいてきます。

哲学者《てつがくしゃ》のほうはそういう考え方を持ちがちであるのです。信仰《しんこう》をいったん持ってしまったら、「鰯《いわし》の頭も信心《しんじん》から」という言葉もあるけれども、何でもかんでも信じてしまうから、哲学することにならないということなのでしょう。科学と一緒《いっしょ》で哲学も、「もう疑《うたが》って疑って疑って、そして、疑い切れないものだけが真実だ」と思うような学問だというふうに考えれば、「信仰を捨《す》てなさい」と言う哲学教授《きょうじゅ》もいるわけです。

これは「GOD'S NOT DEAD《ゴッズ　ノット　デッド》」という映画《えいが》で、アメリカで描《えが》かれていますが、けっこうヒットしたものです。これは実話だと思うのですけれども、信仰を持っている学生のほうが勝ってしまった例《れい》を映画にしたわけです。

このなかでは、哲学の授業を取るのに、信仰を否定する誓約書《せいやくしょ》をまず書かせます。「それを書かないと自分の授業は受けさせない」という教授が出てくるわけですが、「自分は敬虔《けいけん》なクリスチャンなので、これは書けません」と言って拒否《きょひ》した学生がいて、「それだったら、哲学というのは必修《ひっしゅう》科目のなかに入っているから、君はAが取れないよ」と言うのです。

「Aが取れない」ということは、いわゆる、いい会社に就職《しゅうしょく》したり、資格試験《しかくしけん》とかを取ったりするときに障害《しょうがい》になるわけです。それで、「サインを書けばいいだけじゃないの」と言って、ステディ（恋人《こいびと》）で付《つ》き合っていた彼女まで離《はな》れていく。「こんな〝バカ〟と結婚《けっこん》なんかできるか」ということです。「ちゃんと書いたらいいんじゃない、そんなもの。それだけでエリートコースに入れるのに、必修単位《たんい》を落としちゃったら駄目《だめ》じゃないの」というようなことまで出てくるのですけれども、「やはり、クリスチャンとして、それは心に反するので書けない」と言っていると、それを応援《おうえん》する人がだんだん増《ふ》えてきて教授のほうが追い出されてくるというような映画もありました。

ただ、ヒットしたというのは、それが非常《ひじょう》に珍《めずら》しいからでもあると思うので、まあ、難しいのです。日本の哲学でも、たぶん今は同じようになっている可能性は高いと思います。

ですから、「自然《しぜん》科学」が発達《はったつ》し、そちらのほうがもう唯物論《ゆいぶつろん》的に発展《はってん》していっているので、宗教学《しゅうきょうがく》、仏教学、哲学などが、それより後《おく》れを取った迷信《めいしん》に見えるから、自分たちもそちらのほうに持っていこうとしている傾向《けいこう》が強いのです。だから、今は、もう本当に「天国・地獄《じごく》」を教えてくれるところがないレベルになっているのです。

さらに、釈尊の教えのなかでも、無神論・唯物論に持っていこうとすれば持っていける教えもあることはあります。

例えば、中村元《なかむらはじめ》のような人でも、岩波文庫で『神々との対話』とか『悪魔《あくま》との対話』とかを出していて、仏陀《ぶっだ》との対話を書いていています。

話としては、神を否定しているという意味ではありません。バラモン教の古い神々が仏陀と対話して、仏陀の権威《けんい》に打たれて右繞《うにょう》をする、つまり右回りに何回か回って、そして「拝《おが》む」というわけで、要《よう》するに、神を否定しているというよりは、神々――古来の日本で言えば民族神――を折伏《しゃくぶく》して仏陀の権威が立ったことを伝《つた》えているわけです。

しかし、それが〝神々の絶対的権力を否定したようにも見えることは見える〟ので、そこを捉《とら》えて「無神論だ」と言う人もいるわけです。そういうこともあります。

## 5　仏陀《ぶっだ》が考える「天国・地獄《じごく》を分けるもの」とは

### 「石は池の底《そこ》に沈《しず》み、油は池に浮《う》く」という教えの真意

それから、「比較的《ひかくてき》、仏陀《ぶっだ》の直説《じきせつ》に近いのではないか」と言われている『スッタニパータ』というお経《きょう》がありますす。『阿含経《あごんきょう》』というお経のなかに収録《しゅうろく》されているものですが、これには、仏教以前《いぜん》の宗教《しゅうきょう》との対決の話もあります。

バラモン教は、仏教以後はヒンズー教といわれるようになっていくのですけれども、そのバラモン教のなかに西のほうのゾロアスター教、拝火教《はいかきょう》の「火を拝《おが》む儀式《ぎしき》」が当時はもう入り込《こ》んでいました。これが、今、仏教のなかにも一部入っていて、密教系《みっきょうけい》のなかには井桁《いげた》を組んで火を焚《た》くところもあるので、あまり否定《ひてい》するとまずいのですけれども。

火にも清《きよ》める効果《こうか》はあるとは思うし、「この世の罪業《ざいごう》を焼《や》き尽《つ》くせ」というぐらいの意味はあるのだろうとは思うのですが、そういう「火を焚いて先祖《せんぞ》を供養《くよう》して祈《いの》ったら、罪《つみ》は許《ゆる》される」という教えが、仏陀以前からずっと連綿《れんめん》としてあるわけです。

仏陀はこれに対して、革新《かくしん》運動として、もちろん、それを全部否定しているわけではないのだけれども、新しい教えとして出したのは、「人が天国に行くか、地獄《じごく》に行くかということは、その人の心と行いによるのだ。思いと行いによって決まるのだ」ということです。そのようなことを言っています。

この行いのことを「業《ごう》」といいます。「カルマ」という言い方もあるのですけれども、「この世に生まれて何を考え、何をしたかということで、その人自身の業というものが決まってくるのだ。カルマというのが決まって、そのカルマが来《らい》世《せ》を決定するのだ」――これは仏教の基本《きほん》です。

これで、「天国・地獄へ行くのは、自分の思いと行いによって決まることなのだ」ということを言っている。その『阿含経』のなかに書いてあるたとえ話は、「ここに池があるとする。この池のなかに石を放り込んだらどうなるか」というようなことを言っている。

「石を放り込んだら、普通《ふつう》は石は水よりも比重が重いから、底《そこ》に沈《しず》むだろう。では、これを、バラモン教徒《きょうと》たちが池の底に沈んだ石に『浮《う》かび上がれ、浮かび上がれ』と言ったら、浮いてくるのか。浮いてこないだろう」というようなことを言っている。

それは、その人の「業」ということですが、この場合は「罪」でしょう。「罪が重いために地獄に堕《お》ちていく者、こんな者は救《すく》えない」というわけです。「自《じ》己責任《こせきにん》である」ということを言っているわけです。

逆《ぎゃく》に、「では、今度は油の壺《つぼ》を池に投げ込んで、油を放り込み、『この油よ、池の底に沈め』とご先祖に祈ったら、この油は池の底に沈むのか。沈まないだろう。水の上に浮かぶだろう」――。これは比重が水より軽いということでしょう。

要《よう》するに、「罪が軽くて、浮くべくして水よりも上に浮いてくる者は天国に行くけれども、石のように比重が重くて、罪が重い者は沈むべくして池の底に沈む」ということです。これは、「火を焚いたり先祖に祈ったりするだけで救われはしない」と言っているわけです。

オールマイティーな教えではありませんけれども、ある意味での本質《ほんしつ》的な教えではあろうと思うのです。現代《げんだい》の新宗教でも間違《まちが》ったものは、ほとんど、ここのところで引っ掛《か》かっています。

## 仏陀《ぶつだ》の教えから見て先祖供養《せんぞくよう》や題目《だいもく》・念仏《ねんぶつ》等の間違《まちが》いはどこにあるか

### ・「先祖供養さえすれば修行《しゅぎょう》は要《い》らない」とする宗教《しゅうきょう》の問題

言いにくいのですけれども、有名な作家で政治家《せいじか》もやったような方が信仰《しんこう》していた宗教《しゅうきょう》もあります。その方はそこで百万票《びょう》以上もらっていたようですけれども、そこは先祖供養《せんぞくよう》ばかりやるところです。(『霊友会《れいゆうかい》』邪教《じゃきょう》だと知ってますか。)

「先祖供養自体が悪い」とは私は思ってはいませんが、要するに、自分が悪いことを、「先祖が不成仏《ふじょうぶつ》だから、悪いことばかり起きて事業に成功《せいこう》しないんだ」とか、「家族が不和になる」とか、「病気で死んだ」とか、「事故《じこ》で死んだりする」とか言って全部を先祖のせいにだけして、「先祖供養さえしていれば、もう修行《しゅぎょう》はあと要《い》らない」というわけです。

「それさえしていればいい」というのだったら、先祖供養自体が悪いとは言わないけれども、やはり間違《まちが》いになります。本人としての「思い」と「行い」について、まったく責任を問われないからです。「先祖供養をもっとやれ」と言うだけだからです。

・日蓮宗系《にちれんしゅうけい》や真宗系《しんしゅう》に潜《ひそ》む「悪」への誘惑《ゆうわく》や「犯罪《はんざい》」に対しての間違《まちが》い

あるいは日蓮宗系《にちれんしゅうけい》とかでもいろいろあります。いろいろな宗派《しゅうは》があるから一概《いちがい》に言えないのですけれども、正しく理解《りかい》しているところもあるし、そうでないところもあると思うのです。

争《あらそ》い事から破産《はさん》・倒産《とうさん》から殺人事件《さつじんじけん》まで、何でもいいですけれども、「何が起きても、『南無妙法蓮華経《なむみょうほうれんげきょう》』だ。『南無妙法蓮華経』を唱《とな》えただけで、全部それが救われる」というのではちょっと易《やす》すぎるから、「それはまだ読み方が足りないんだ。百万回読みなさい」というところもあります。

百万回「南無妙法蓮華経」というのは、なかなかの修行にはなります。百万回数えながら「南無妙法蓮華経」を読むとなったら、そうとうなエネルギーと労力《ろうりょく》を必要《ひつよう》としますから、これで全部解決させてしまうところもありますが、「若干《じゃっかん》、嘘《うそ》がある」と言わざるをえません。

「南無妙法蓮華経」のなかの「南無」は「帰依《きえ》する」という意味ですから、「法華経」「法蓮華経」に帰依するということです。

この「蓮華経」というのは、仏陀《ぶっだ》の教えで、「この世の中は醜《みにく》くて汚《きたな》い。要するに、沼《ぬま》の底、泥《どろ》の底のような汚い世界だ。でも、その汚い材料《ざいりょう》のなかから、蓮《はす》はスーッと茎《くき》を伸《の》ばす。泥池のなかからでもスーッと茎を伸ばして水面から脱《だっ》したときには、本当に天国のような、真っ白なきれいな花を咲《さ》かせる。潔白《けっぱく》な花を咲かせる」というものです。

そういうふうに、「この濁世《じょくせ》の世、乱《みだ》れた汚い世の中にあって、心を穢《けが》されずに生きて、見事に蓮の花を咲かせなさい」という教えを要約《ようやく》したのが「南無妙法蓮華経」であるわけです。

そういうことを言っているわけで、それを理解しての「南無妙法蓮華経」なら間違《まちが》ってはいないわけです。

「この世の中は、もう泥池のような、
泥沼のような、沼地みたいな世の中だ。
『そんな穢れた世の中だ』ということを知れ、見よ。

苦しみの世界であるということを見なさい。
悲しみの世界であるということを見なさい。
しかし、そのなかからでも、蓮の花は咲かせられるのだ。
それこそが仏法《ぶっぽう》修行なのだ。
そういうことを、いつも心に思って生きなさい。
正しき正法《しょうぼう》に帰依するという意味はこういうことだ」

そう思ったら、世の中に、いろいろな悪への誘惑《ゆうわく》はいっぱいあるし、自分を堕《だ》落《らく》させるための誘惑はもう山のようにありますが、「そのなかから、それに染《そ》まり切らないで、真っ白な花を咲かせる。見事な蓮の花を咲かせる。そういう人生を目指しなさい」と言っているわけです。これはある意味では、仏教の真髄《しんずい》を上手に要約した言葉であるので、そこまでの理解がちゃんと落ちていれば、別《べつ》に構《かま》わないのです。

　また、別のほうの、真宗《しんしゅう》系であれば、「南無妙法蓮華経」ではなくて「南無阿《なむあ》弥陀仏《みだぶつ》」ということになります。「南無」は「帰命《きみょう》する」という意味ですから、「自分は阿弥陀仏に帰依します」ということです。

　この「阿弥陀仏」というのは、救いを与《あた》えてくれる、お釈迦《しゃか》様の「救い」の面、「慈悲《じひ》」の面を強調した部分です。

　だから、本当に阿弥陀の御胸《みむね》に抱《いだ》かれて、自分のすべてを捨《す》てて阿弥陀に帰一《きいつ》する。そのなかに帰命する。命を投げ込んで阿弥陀と一体になる。阿弥陀の気持ちと一体になって、阿弥陀を念《ねん》ずるわけです。

　念仏《ねんぶつ》のもともとの考え方では、「南無阿弥陀仏」と口で言うことが念仏ではありません。念仏のもともとの言い方は、「仏《ほとけ》を念《おも》う」と書いてあるように、仏を心のなかに描《えが》いて、そして観想《かんそう》する、心のなかで念うことを「念仏」と言うのです。

　ただ、それがなかなかできなくて難《むずか》しいから、「御本尊《ごほんぞん》」というようなものをいろいろなところでつくっています。仏像《ぶつぞう》であったり、仏画であったり、いろいろとそれに代わるものがあります。「御本尊」というのもあって、それに心の波《は》長《ちょう》を合わせて、仏様と一体になれるように願《ねが》うわけです。「罪多き自分ではあるけれども、仏にすべてを委《ゆだ》ねます。御心《みこころ》に任《まか》せます」ということで、仏と一体になる。瞑想《めいそう》して、要するに、「心のなかで仏の姿《すがた》をありありと描いて、仏と一体になることを願うことで極楽往生《ごくらくおうじょう》を思う」ということです。

これは間違っているわけではないのです。この考え自体は間違っているわけではないのです。

ただ、これを悪用して、「どんな犯罪《はんざい》を犯《おか》しても、『南無阿弥陀仏』を言っただけで、もう救われる」とか、「もう、思っただけで救われる」とかあまり言いすぎると、これはちょっと間違いになるかもしれません。

「バットマンの敵《てき》であるジョーカーのような、ピエロの面を被《かぶ》って機関銃《きかんじゅう》を持った男が、銀行強盗《ごうとう》をいっぱいして、人を殺しまくって、お金をいっぱい盗《ぬす》んで、山積《やまづ》みして、それに火をつけて燃《も》やして、犯罪をしまくっても、『南無阿弥陀仏』と言ったら、もうそれで救われるからいいんだ」などと、こんなふうに持っていかれたら、これはやはり間違いでしょう。犯罪の勧《すす》めに、この「南無阿弥陀仏」を使われたら、やはり宗教としては間違いということになります。

## 小説《しょうせつ》「蜘蛛《くも》の糸」に描《えが》かれる、「救《すく》いが〝無効《むこう》〟になる場合」とは

罪多き自分であるけれども、心を入れ替《か》えてクラッと変《か》える――。これを「廻《え》心《しん》」といいます。

思いをクラッと仏のほうに向けて、「仏様の大慈悲に抱かれるような自分になりたい」ということで、「今後の人生を改《あらた》めていきたい」と強く願って信仰する。日々、心のなかに仏の姿を描《えが》く。

念仏というのは、そういうことです。

仏を念って、そして、仏の御心に合うように、仏に見られても恥《は》ずかしくない

生き方をする。

「廻心」「回心《かいしん》」をして、クラッと心を入れ替えて、その道に入ったならば、救《すく》いの手が伸びていく。これは当然《とうぜん》のことであるので、間違っているわけではありません。

ただ、これにも例外《れいがい》は当然あるわけです。例《たと》えば、芥川龍之介《あくたがわりゅうのすけ》の「蜘蛛《くも》の糸」という短編小説《たんぺんしょうせつ》がありますが、見事に真理の一端《いったん》を描き切った短編だと思うのです。

本来は「阿弥陀様」ですけれども、「お釈迦様」ということに小説ではなっていますが、お釈迦様が天国、天上界《てんじょうかい》の蓮池の周《まわ》りを歩いていて、蓮池の水のなかを覗《のぞ》いてみると、下まで見えるわけです。これは一つの分かりやすい表現の仕方です。そうした大如来《だいにょらい》になれば、透視《とうし》の力で、「下界《げかい》がどうなっているか」は、もちろん見ることができるというたとえであるわけです。

蓮の池の水の下を見てみると、地獄が見えて、そのなかの「色情地獄《しきじょう》」という所、要するに「血の池地獄」ですが、そこでカンダタという人が血の海のなかで溺《おぼ》れるようにして苦しんでいる。ほかの亡者《もうじゃ》も、いっぱいそのなかでもがいている。

けれども、お釈迦様が見たら――お釈迦様はいちおう、「全智全能《ぜんちぜんのう》」と言っては言いすぎかもしれませんが、パッと見ただけで、「その人がどういう人か」というのをザーッと過去世《かこぜ》まで透視して全部見ることができます。

だから、「カンダタは、悪いことをした悪人だけれども、一つだけいいことをしたな」と。それは、道を歩いていて、蜘蛛がいたけれども、そのまま歩けば蜘蛛を踏《ふ》み潰《つぶ》してしまうところを、「ちょっとかわいそうかな」と思って、踏みつけるのをやめて、蜘蛛を逃《に》がしてやったことです。

「一つだけ善行《ぜんこう》があった。あとはもうまったくの悪人だけれども、一つだけ善行があった。生き物を愛《いと》おしむ気持ちを出した。慈悲の心がちょっとだけあった。この一点だけは救いだな」ということで、カンダタを血の池地獄から救うべく、お釈迦様は極楽の蓮の池から蜘蛛の糸を垂《た》らします。

蜘蛛の糸というのが絶妙《ぜつみょう》です。〝芥川的〟に絶妙だと思うのですけれども、もう本当に心細い、切れそうで切れない糸です。

それがスルスルスルスルスルスルッと地獄界で溺れているカンダタの前に下りてくる。「はあー、蜘蛛の糸が下りてきた」と、カンダタはこれに取りすがって、「切れるか」と思ったら、釣《つ》りのテグスのようでなかなか切れそうで切れないということで、これを這《は》い上がっていく。

空中に這い上がっていって、「上へ上がれば天国に抜《ぬ》けられるな」と思って、必死になって上《のぼ》っていると、ふと下を見たら、下からまた亡者たちが次から次へとそれを這い上がってこようとする。

ただ、カンダタの信仰心が足りませんから、蜘蛛の糸一本で――まあ、スパイダーマンの蜘蛛だったら、人一人を救えます。あれは友達《ともだち》とか彼女とかを救っていますから――自分一人ぐらいなら救われるかもしれないけれども、「こんなに亡者がいっぱい下にぶら下がったら、この心細い蜘蛛の糸がプチッと切れたら終わりじゃないか。俺《おれ》のために下りてきた蜘蛛の糸なんだ」と思うのです。

それはそのとおりなのですけれども、「おまえら、手を放せ。そうしないと切れちゃうじゃないか」と言った瞬間《しゅんかん》に、上からプチッと蜘蛛の糸が切れて、また、もとの血の池地獄にドバーッとみんな落ちてしまったという話です。

そして、「何事もなかったかのように、お釈迦様は蓮池の周りを回っていったら、まもなく、お昼を迎《むか》える時間になりました」というような話ですから、小説家として、この真理を簡単《かんたん》な小説にまとめる筆力はそうとうなものだなと思います。芥川も、ある程度《ていど》、釈尊の心が分かる人であったのだろうと思います。

だから、そういう「廻心」の心、「仏心《ほとけごころ》」を起こして、いい道に入ろうと思っても、やはり、そのなかでも「自分だけが救われたい」という気持ちが強くなって、「ほかの人がどうなろうと知ったことじゃない。自分が救われたら、それでいいじゃないか」というような気持ちを持っていたら、その救いが〝無効《むこう》〟になってしまうことがあるということです。

例えば、神社・仏閣《ぶっかく》でおみくじを引いて、「ああ、自分が引いたら大吉《だいきち》が出た。大吉はよかった。しかし、大吉は自分だけにあるべきであって、ほかの人が大吉を引くのはけしからん。大吉がいっぱいあってはいけない」ということで、お寺や神社のなかへ入って、おみくじを全部開《ひら》けて、大吉は全部消して、みんな末吉《すえきち》か小吉か何かに書き換《か》えて、〝大吉はもう自分だけにしておく〟というようなことをしている様《さま》を想像してみたらいいのです。

ちょっと浅《あさ》ましいでしょう。「ほかの人が幸福になるのは許せない。自分だけが幸福になるのはいい」、これだとちょっと、浅ましすぎて救いに値《あたい》しないという気持ちは分かると思うのです。こういうことです。

いいことをすれば悪行《あくぎょう》は減《へ》ります。その分だけ減るのですが、そういう競争心《きょうそうしん》とか利己心《りこしん》が強くなって、人を蹴落《けお》としたり、人を排除《はいじょ》して自分一人が幸福になればいいという気持ちであるのなら、この救いは〝無効〟になっていく、求道心《ぐどうしん》とか「廻心」した心が無駄《むだ》になっていく。そういうことを知らなければいけないということです。これは根本的なところです。

原則《げんそく》は、もう先ほども言いましたように、「石は池の底に沈み、油は池に浮く」――。そのように、「よい思いと行いを持って生きた人は、別に天国に行くのは当たり前に行ってしまう。けれども、この世で犯罪を犯したり、あるいは悪いことばかり考えてやった人たちは〝池の底〟に沈む」ということです。

## 6　この世での罪《つみ》は死後どう裁《さば》かれるのか

### 人生の罪業《ざいごう》はすべて「照魔《しょうま》の鏡《かがみ》」に映《うつ》し出され、逃《のが》れられない

天国・地獄《じごく》がある理由には、もう一つは、「この世の法律《ほうりつ》の網《あみ》を抜《ぬ》けて、うまいことやったと思っている人でも、あの世の網は越《こ》えられない」ということがあ

るわけです。

この世で、例《たと》えば、殺人《さつじん》をして、それで自分も死刑《しけい》になったり、無期懲役《むきちょうえき》になったり、懲役二十年になったりするようなことはあると思うのですが、まだこの世でちゃんと犯罪《はんざい》の償《つぐな》いをやった人は、少しは罪《つみ》が減《へ》っていると思います。それで許《ゆる》されるかどうかはまだ分かりませんけれども、罪は少し減っていると思うのです。

しかし、この世で殺人をやったとしても、自分は見つからなかったということで、「逃《に》げ延《の》びた。助かった。この世ではちゃんと名誉《めいよ》ある職業《しょくぎょう》で終えた」と思っていても、あの世では、必《かなら》ず閻魔《えんま》様はいて、閻魔様の前でその罪業《ざいごう》は暴《あば》かれるということです。

「照魔《しょうま》の鏡《かがみ》」という昔ながらのものがありますけれども、今であれば、照魔の鏡というよりは映画《えいが》のスクリーンとかテレビのスクリーンとかDVDとか、そんなものになるかもしれません。その人の人生のトピックスをバババババッと映《うつ》し出して、自分で見て反省《はんせい》させ、「おまえ、こういう人間をおまえならどう思うか」と訊《き》かれます。そのためのエビデンス（証拠《しょうこ》）を出されるのです。

そして、陪審員《ばいしんいん》ではないのですが、ほかに親類縁者《しんるいえんじゃ》とか友達《ともだち》とか、亡《な》くなった方が来ていて、みんなの意見もありますけれども、自分が「だいたい、これは地獄かな」と思うところまではいちおう見せます。そして、「地獄巡《めぐ》り」が始まるということです。そういうことが起きるわけです。

だから、この世の法の網をかいくぐって、例えば、「刑法に引っ掛《か》からなかったから」と言っても駄目《だめ》なのです。

「刑法犯だけが地獄に行く」と思っているような人もいるでしょう。また、天国・地獄を考えていても、「刑法犯とか、民法《みんぽう》においては例えば借金《しゃっきん》をいっぱいして踏《ふ》み倒《たお》して逃げたりしたような人だって、そうなるかも分からない」と思っている人もいるかもしれません。しかし、この世の法律も、間違《まちが》っているものも一部あるし、選挙《せんきょ》で勝つためだけにつくった法律もあるから、全部が全部は合っているとは言えません。

いちおうは、「法律に引っ掛からないで生きている人が善人《ぜんにん》で、引っ掛かった人が悪人」と思っている傾向《けいこう》はあると思います。まあ、第一段階《だんかい》ではそうかもしれません。例えば、中国や北朝鮮《きたちょうせん》の法律であれば、その法律が正しいかどうかも分かりませんから、ちょっと、これについては考慮《こうりょ》の余地《よち》があると思いますが、法律で裁《さば》けなかったものも、あの世では裁かれるのです。

象徴《しょうちょう》的には、「閻魔様」「閻魔大王」あるいは「鬼《おに》たち」です。

赤鬼・青鬼に当たるもの、これを昔話とみんな思っていたけれども、最近《さいきん》の「赤鬼の霊言《れいげん》」等で、「実際《じっさい》に実《じつ》在《ざい》する」ということがもう出てきていますので、「いる」

『江戸の三大閻魔大王の霊言』（幸福の科学出版刊）

『色情地獄論』（幸福の科学出版刊）

『色情地獄論②』（幸福の科学出版刊）

ということです（『江戸《えど》の三大閻魔大王の霊言』『色情《しきじょう》地獄論《ろん》』『色情地獄論②』等参照《さんしょう》）。

おそらくは、罪人《つみびと》の目にはそれは赤鬼・青鬼に見えているかもしれないけれども、別《べつ》の人の目から見たら全然《ぜんぜん》違うように見えているかもしれません。鬼が検察官《けんさつかん》に見えていたり、閻魔大王が裁判官《さいばんかん》に見えていたりするかもしれません。地獄とかそういう所では、その人の心によって違うように世界が見えているので、そういうふうに違うように見えているかもしれませんけれども、「裁きは確実《かくじつ》に下りる」ということです。

それから、「地獄巡《めぐ》り」というものもあるということです。いろんな地獄、その犯《おか》した罪に合った地獄がいっぱいあるので、そこを順番《じゅんばん》に回っていくということが始まります。

これは、二〇〇〇年代に入って、現在《げんざい》で「事実です」ということを私は言っています。これを言える人はもうほとんどいないので、言うしかないなと思っています。

信仰心《しんこうしん》があることは大事ですけれども、もちろん、それだけですべてではありません。方向付《づ》ける意味での信仰心は大事ですけれども、「信仰心さえあれば、みんな天国へ行ける」というのは、どうでしょうか。

キリスト教も基本的《きほん》にはそうであり、「キリスト教の信仰を持っていれば天国へ行けて、キリスト教の信仰を持っていない人は地獄へ行く」ということになっていますけれども、「そうすると、キリスト教以前《いぜん》の人は救《すく》われないではないか」という声もあって、「煉獄《れんごく》」という思想が出てきたのです。

これは、日本で言う「地獄」です。日本で言う地獄は十分に反省したり償ったら天上界《てんじょうかい》に還《かえ》れるから、この地獄はほとんどが「煉獄」に当たるのだと思うのです。「反省すれば天上界に上がれる地獄」のことをキリスト教会では「煉獄」というふうに言っていて、「地獄」と呼《よ》ぶ場合は「もう絶対《ぜったい》に上がれない世界」のことを言うことが多いのです。

この地獄は、あることはあります。悪魔になってしまっているような場合、まず上がれません。悪魔、あるいは無間《むけん》地獄という、いちばん深い井戸《いど》の底《そこ》のような所まで堕《お》ちている人は、ちょっとやそっとで上がれません。思想犯で多くの人を迷《まよ》わせた人たちは、出ようがないのです。

そういうことがあるというふうには思いますが、そうした知識《ちしき》も持っていただきたいと思います。

## 唯物論《ゆいぶつろん》に染《そ》まった現代人《げんだいじん》はあの世に還《かえ》れず地縛霊《じばくれい》になることが多い

地獄の諸相《しょそう》については、まだまだ話をしなければいけないことがたくさんありますので、全部は語れません。

ただ、新しく一つ付《つ》け加《くわ》えておくとすれば、次のようなことです。「この世の世界を離《はな》れて、死後、天上界と地獄界というまったく違う空間があって、そこに行く」というように理解《りかい》している方も多いと思うのですが、現代人《げんだいじん》には、ものすごく唯物論《ゆいぶつろん》的な科学的思考というか、そういうものがもう蔓延《まんえん》していますし、学問でそういう教育を受けているので、あの世がないと思っている人がものすごく多いのです。

あの世がないと思っている人にとっては、地獄もないし天上界もないのです。だから、死後、行く所がないのです。

行く所がないので、この現象界といわれる三次元の世界しか、もう、いる場所がないのです。認識《にんしき》できないのです。地獄も天国も認識できないので、この三次元に相変《あいか》わらず存在《そんざい》していることになります。

この三次元にいて、まだ生きているつもりであるのに、「他人《ひと》が自分の声を聞けないだけ」とか、「なぜかは知らないけれども壁《かべ》を通り抜けられる」とか、「なぜか人とぶつかってもすれ違う」とか、よく分からない世界にちょっと入ってはいるけれども、「これは病気か幻覚《げんかく》か何かだ」と思ってこの世で住んでいる人もいっぱいいるし、そういう人がものすごく増《ふ》えています。

これも一種《いっしゅ》の「地獄」と見ていいだろうと思うのです。地獄界という世界だけが独立《どくりつ》してあるのではありません。お裁きを受けた上で行く人たちが地獄界にいますけれども、「死んでいるということ自体が自覚できないでこの世にまだいる人たちも、ある種の地獄界にいるのだ」というふうに理解したほうがいいし、そういう人がとても多いのです。

そして、地縛霊《じばくれい》になって、自殺したホテルだとか学校だとか踏切《ふみきり》だとか、そんなような所に取り憑《つ》いたり、あるいは交通事故《じこ》で自分を轢《ひ》いた人に取り憑いたり、そんなことをして悪さをいっぱいする人もいます。これは生きながら地獄です。本当に地獄を生きているのです。これも知っておいたほうがいいのかなというふうに思います。

本章ではとりあえず、「地獄入門」ということで概論《がいろん》の話をいたしました。これから、もっと、さらに詳《くわ》しく地獄の各論《かくろん》に入っていかなければならないのではないかと思っています。

まずは、第一話としては、こういう話にしておきます。

# 第2章

# 地《じ》獄《ごく》の法《ほう》

――死後、あなたを待ち受ける「閻《えん》魔《ま》」の裁《さば》きとは

## 1　今、現代《げんだい》に伝《つた》えたい「閻魔《えんま》の本心」

### 「原則《げんそく》、信仰心《しんこうしん》なき者は地獄《じごく》に堕《お》ちる」

本章は「地獄《じごく》の法《ほう》」と題を付《つ》けましたが、たぶん、本書のメインの一つだと考えられます。

「地獄の法」というのは、ちょっと広範《こうはん》に見えて難《むずか》しいですから、言葉を換《か》えれば「閻魔《えんま》の本心」とでも言うべき内容《ないよう》になるかと思われます。

ですから、みなさんにとって特《とく》に役に立つような話といいますか、「実際《じっさい》、どんなふうに裁《さば》かれますか」ということをお話ししておきたいと思います。

実際、罪刑《ざいけい》法定主義《しゅぎ》で、「こういう刑罰《けいばつ》が、こういうことをしたらあるよ」ということを知らされて、それでも犯《おか》した人は罪人《つみびと》になるというのが普通《ふつう》なのですけれども、現代《げんだい》のように、もう信仰心《しんこうしん》がなくなって、宗教《しゅうきょう》も勉強していなくて、道徳心《どうとくしん》も失《うしな》われた世の中においては、そうした「これをしたら地獄に堕《お》ちるぞ」というようなことは、聞いてくれる人もほとんどいないということでしょうか。

現代人にとっては、「地獄そのものはこの世にあると思っている」というか、例《たと》えば、この世で失業《しつぎょう》したり、失恋《しつれん》したり、暴力《ぼうりょく》に遭《あ》ったり、殺《ころ》されたりするような「この世での不幸《ふこう》」を「地獄」と思っている方のほうが多いかもしれず、そういう「地獄にはめられた」という感じになるかもしれません。

しかし、実際は、万人《ばんにん》が万人、必《かなら》ず死ぬことになっており、現代では、長くても百二十歳《さい》ぐらいまではありますので、「生まれた人は必ず全部死ぬ」というのはもう逃《のが》れられないことであり、「医学の発達《はったつ》」といくら言っても、これは百パーセント敗《やぶ》れることになっているのです。

死ぬ時期を遅《おく》らせるとか、一時的によくするとか、そういうことは可能《かのう》ですけれども、根本的に死なない人間をつくることはできません。「死なない人間」というのであれば、永久《えいきゅう》ロボットのようなものしかありえないとは思うのですが、ロボットであっても、故障《こしょう》したり、燃料《ねんりょう》切れになったり、いろいろして、使えなくなることはおそらくはあるでしょう。

動物の大多数は人間よりも短い寿命《じゅみょう》しか持っていませんので、人間として生きている間に、動物とかが死んでいくのを見ることが多いと思うのです。ペットとか、犬猫《いぬねこ》の類《たぐい》です。それから、それ以外《いがい》の、食料にされている動物とかも死にますし、卑近《ひきん》な例《れい》で言えば、夏休みに昆虫《こんちゅう》を捕《と》っている子供《こども》たちでも、カブトムシやクワガタの死ぬのを見て、「死とは何かということを〝簡単《かんたん》〟には悟《さと》る」ことにはなります。

では、肝心《かんじん》なところとして、要《よう》は「どういうふうにすればいいのか」「どういうふうに考えればいいのか」ということになりますけれども、大きくポイントを言えば、一番目には、「原則《げんそく》、信仰心なき者は地獄に堕ちる」ということです。

この信仰心というのは、明確《めいかく》に「○○宗の△△派《は》に属《ぞく》している」というところまで厳密《げんみつ》に言っているものではありませんけれども、信仰心のある者とは、言葉に出して明確に言えるかどうかは別《べつ》として、例えば「神仏《しんぶつ》の存在《そんざい》、あるいは高級《こうきゅう》霊《れい》、光の天使、菩薩《ぼさつ》、こういう方々がいるのではないか」と本心で思っているようなタイプの方です。

それから、「もしかしたら、悪いことをすれば地獄に堕ちるのかもしれない。いいことをすることが、人間としてはふさわしい生き方であって、そういう人は来世《らいせ》、幸福に生きるのが望《のぞ》ましい」という考え方を持っている人です。基本《きほん》的に、天国・地獄を分けるときに、そのような宗教心を持っていない人は地獄に堕ちるということになります。

## プロの宗教家《しゅうきょうか》であっても、信仰心《しんこうしん》もなく、本質《ほんしつ》を知らなければ地獄《じごく》行き

だから、何でもかんでもこの世に全部を託《たく》す時代になりつつあるので、若干《じゃっかん》、困《こま》っているわけです。

例えば、お経《きょう》だって、もう、〝ただの音声〟と思っている方もいらっしゃると思うのですけれども、お経を読むのがうまい坊《ぼう》さんの声を複製《ふくせい》して、ロボットで〝ロボット派遣《はけん》〟をし、葬式《そうしき》のときに代わりに読経《どきょう》するというようなことも、現代ではサービスとして出ています。代行業者です。

そして、お経の長さによっても値段《ねだん》が違《ちが》うようです。例えば、「一時間、ロボットが読経してくれれば二十万円で済《す》む」とか、「本物の坊さんを呼《よ》ぶと、けっこう、百万から二百万円かかり、場合によっては三百万、四百万円かかることだってありますよ」というようなことで、「こちらが安いですよ」という、ディスカウントショップの考え方のようなものを考え、サービス業として分類《ぶんるい》してやっている人もいらっしゃいます。

しかし、こういうことをやっている人は、そのロボットをつくっている人も、販売《はんばい》している人も、サービスを提供《ていきょう》している人も、サービスを受けている人も、みんな地獄《じごく》に行ってもらいます。絶対《ぜったい》に許《ゆる》しません。

こういう、霊的世界や仏法真理《ぶっぽうしんり》の本質《ほんしつ》を無視《むし》して、単にこの世的な作業のレベルにして、唯物論《ゆいぶつろん》の一角《いっかく》として生き延《の》びるような仕事は、断《だん》じて許しません。歌手の歌とはちょっと違うので、そういうものではないと思います。

また、読経、お経を読むこと自体も、その本質を理解《りかい》している者が読めば一定の功徳《くどく》はあって、死者も弔《とむら》われることになったり、読経している間に導《みちび》きの天使とか菩薩が来る場合もありますけれども、まったく悟っていない人の読経の場合には、プロの僧侶《そうりょ》であるとしても効《き》かないこともあります。

その場合はどうなるかというと、「あの世を信《しん》じてもいないし、お経の功徳も信じていないし、内容も理解していないのに、職業《しょくぎょう》としてだけやっている」というのは、〝ヤブ医者〟と同じということになりますので、基本的には、僧侶であっても、「信仰心《しんこうしん》のない僧侶、あるいは嘘《うそ》をついている僧侶、人を騙《だま》している僧侶は地獄行き」ということになります。

これは教会の牧師《ぼくし》でも同じです。神父《しんぷ》でも同じです。信じていないのに、生活のため、生計のために家業として継《つ》いでいるとかいう方もいます。牧師だったら、結婚《けっこん》して子供をつくってもいいことになっています。それは、その職業を継いでもらう必要《ひつよう》があるから、そういうことは許可《きょか》されているわけですけれども、「家がなくなったら困るというだけで、かたちだけ神学校を卒業《そつぎょう》して、神様のことを勉強して、やっているけれども、本人は信じてもいない」というふうな方もいらっしゃいます。残念《ざんねん》ながら、本質を知らないでプロとして職業に就《つ》いている人は地獄行きです。許しません。

現実に、地獄のなかでも、また、そういう仕事をやっている人もいます。地獄でも救《すく》われたい人はいっぱいいるからです。そういう人に、またしても〝偽説《にせせっ》法《ぽう》〟をして、間違った教えを説《と》いたり、混乱《こんらん》させたりして、結局のところ、救うどころか地獄での生活を長引かせるようなことを言っている人もいますけれども、基本的に許しません。こういう人たちは、もっと厳《きび》しい目に遭います。

地獄に行ってまだ、多くの人を迷《まよ》わせているようなら、もっと下に堕ちていく、もっと厳しい世界に堕ちていくということになります。そういうことになります。

ですから、一番目には「信仰心、あるいは信仰心と思われるような、そういう考え方や心境《しんきょう》を持っているかどうか」というところで、バシッと判定《はんてい》されます。

**閻魔《えんま》の法廷《ほうてい》は生前の「思い」「行い」「心の声」を全部記録《きろく》し、逃《のが》さない**

そのあと、人間として生きていた時代を振《ふ》り返ってみて、その思いと行いを点検《てんけん》されるということです。

行いのほうは比較《ひかく》的分かりやすいかとは思うのですが、いわゆる法律《ほうりつ》等で、「やってはいけない」というものがあります。犯罪《はんざい》もそうですし、不法行為《こうい》というものもありますので、そういうものにはわりに分かるものもありますが、「人に知られなければいい」と思ってやっている人もいっぱいいます。

こういう「人に知られず、やっていた」と思っているようなものは全部明らかにされます。「照魔《しょうま》の鏡《かがみ》」、あるいは、そうした生前の映像《えいぞう》のようなものを見せられ、反省《はんせい》ポイントを指摘《してき》されて、自分でやってきたこと等を反省させられます。

ただ、一方的な断罪だけをするわけではなく、「閻魔《えんま》の法廷《ほうてい》」におきましては、その悪行《あっこう》と同時に善行《ぜんこう》もいちおうチェックされますので、それらを比《くら》べて、差《さ》し引きどうなるかという判定になります。

ですから、同じ人殺しをしても、それを十分に裁かれて、長い間、刑務所《けいむしょ》に入って更生《こうせい》した方とか、更生してこの世の世界に戻《もど》って、真面目《まじめ》に働《はたら》いて人生をやり直しているような人は、ある程度斟酌《ていどしんしゃく》されることもあります。あるいは、死刑になった人でも、それを本人が悔《く》いて、「こんな生き方をしては、人間としては失敗《しっぱい》であった」と思っているような人ならば、あの世でストレートに天国には還《かえ》れないことも多いのですけれども、反省場《じょう》のような所でガイダンスを受けて、一定期間の反省修行をし、その時期が過《す》ぎれば、天国に上がっていける方もいます。

ただ、「知られずにやったから、いいだろう」と思っているような人——知られずにやる殺人《さつじん》とか、知られずにやる暴行傷害《しょうがい》とか、「闇《やみ》のなかで分からないようにやって、捕《つか》まりもしなかった」というようなこととか、強盗《ごうとう》、窃盗《せっとう》、その他、犯罪に当たる行為をしても、「この世の法の網《あみ》で裁けなかった」「この世の警察官《けいさつかん》に捕まることもなく、裁判されることもなく、逃《に》げおおせた」、あるいは「知能犯で、頭を使って、それと同じ内容に当たることをほかの人にやらせて、自分は知らぬ存ぜぬで逃げた」というような方ですが――こういう者を絶対に逃《のが》さないのが「閻魔の裁き」です。地上では証拠《しょうこ》がなければ裁けませんけれども、この閻魔の法廷においては、証拠は霊的に全部出てきます。生きているときに人間としてやったこと、思ったこと等は全部記録《きろく》されているのです。

その記録を明らかにしていくと、だいたい、本人の守護霊《しゅごれい》の目で見た記録が取られているということが分かります。なかには、自分自身の目で見たりしたものも入っておりますけれども、「自分がやっていることが見える」ということは、「第三者的な立場で見ている」ということなので、基本的には、守護霊はその人の人生を撮影《さつえい》・録音していると考えていいし、「心の声」まで入っているということです。

それを「ダイジェスト版《ばん》」にして、人生の総括《そうかつ》を必ずやるということで、あの世では証拠は出されます。この世では、警察の聞き込《こ》みとかをして、目撃者《もくげきしゃ》の証言とか自白とか、あるいは鑑識《かんしき》での科学的証拠とかがなければ有罪にできませんけれども、あの世では証拠は全部出てきます。

年を取っていくうちに、やったことをいろいろ忘《わす》れていくこともありますけれども、死んであの世に還ったときには、これを〝全部思い出す〟ということです。

それが、時間的にはもう、この世の時計の時間とはちょっと違うかたちになります。ときどき、話としては聞くと思いますが、「登山をしていて山から落下し、本当に数秒の間、地上に落ちるまでの間に、一生のことが走馬灯《そうまとう》のようにフラッシュバックして思い出された」などと言う方もいますけれども、そういうものなのです。

六十年の人生を生きて六十年上映するわけではありませんが、極《きわ》めて短時間の間に一生を振り返って点検できるように、点検ポイントがザーッと入っている状《じょう》態《たい》になります。

ですから、基本的に、地獄に行く前の「閻魔の法廷」は公平であって、この世で思ったこと、行《おこな》ったことは、一つ残《のこ》らず全部記録は残っています。

それは本人自身の魂《たましい》のなかにもあって、昔、「想念帯《そうねんたい》」というような言葉でも使ったことはありますが、テープレコーダーやそんなものに似《に》たものです。心のなかの声が全部記録されているし、やったことも全部、映像で撮《と》ったかのように記録されているので、想念のテープを読めれば、どんな人かはすぐ分かるのです。

言ってみれば、昔はレコード盤《ばん》とかがありましたけれども、レコードはかけてみなければ、そして、その一時間、音楽を聴《き》いてみないと、どんな音楽か分からないのに、あの世の法則によれば、レコード盤のように刻《きざ》みだけ入っているものを見ただけで、「この人の〝曲調〟はどうであるか」ということは、もう一発で分かるようになっているということです。特に、上段階の霊、高級霊になれば、それは一瞬《いっしゅん》にして読み解《と》くことができるようになります。

「どうしても判定に納得《なっとく》がいかない」というような場合には、すでに亡《な》くなっている方で、その人の友達《ともだち》や縁者《えんじゃ》、あるいは被害《ひがい》を受けた人等、知っている人を霊的にお呼びすることもあれば、まだ、その人を知っている人がこの世に生きている場合には、この世の生きている人の守護霊もお呼びして、証人として立っていただくこともあります。「この人はこう言っているけど、本当か」ということです。そういうことを調べられるわけです。

例えば、「家賃《やちん》を何年も滞納《たいのう》していて、あまり請求《せいきゅう》されるものだから、大家《おおや》を殺してしまった」というようなことがあったとします。小説の『罪と罰』のようですけれども、そういうことがあったとして、警察の調べで犯人が分からなかったとしても、これは、殺された管理人《かんりにん》の霊を呼んで、直接《ちょくせつ》会わせて、「どうだった?」と訊《き》いたら、「はい、この人に殺されました。間違いございません」と言われれば、証拠は明らかです。そして、その現場のシーンも見せられることになります。

だから、「悪いことは何一つできない」ということです。

そこで、大事なことは、何でしょうか。人間として生きて、悪いことを何もしないで生きるのは、それはちょっと、現実問題としては難しいことだろうと思います。〝問題を解く〟ということで言えば、「間違いをする」ということです。それは起きることです。しかし、何とか合格点《ごうかくてん》を取ることが大事なわけで、失点を出すけれども、得点のほうが多くて合格になる人生を目指さなくてはいけないのです。

「信仰」に照《て》らし、「この世の法律」とかにも照らし、あるいは「人間としての道義心」に照らして、正しいと思うかどうか。例えば、自分の両親が見てそれをどう思うか。隣《となり》近所の人が見てどう思うか。あるいは、会社の人たちが見てどう思うか。あるいは、もっと見識のある人たちがそれを見てどう思うか。こういうことです。

## 2 影響力《えいきょうりょく》の大きな「思想犯《はん》」の罪《つみ》は重い

### 「言論《げんろん》の自由」はあっても「間違《まちが》った言論」は厳《きび》しい判定《はんてい》を受ける

ただ、この世の判定《はんてい》には、まだ間違《まちが》いがあります。

例《たと》えば、週刊誌《しゅうかんし》などにも、この世で〝閻魔《えんま》の代わり〟をしているつもりのところもあるのだろうと思うのです。人の罪《つみ》を追及《ついきゅう》して、やっているものもある。そのなかには、正しいものもあるから、それはそれでいちおう情状酌量《じょうじょうしゃくりょう》をされますけれども、間違ったものもある。

〝間違ったネタ〟でもって、人を貶《おとし》めたり傷《きず》つけたり、職《しょく》を失《うしな》わせたりすることをやっていると、閻魔のまねをしているつもりでも、結果《けっか》的に見れば、「週刊誌の編集長《へんしゅうちょう》とか、テレビや新聞のディレクターとか、その報道《ほうどう》の内容《ないよう》を決める、責任《せきにん》ある立場に立っているような人は、九割以上《わりいじょう》、地獄《じごく》に来ておられる方がほとんどだ」ということです。

今、言論《げんろん》に基《もと》づいて民主主義《みんしゅしゅぎ》が成《な》り立っているといっても、言論そのものが間違っていたら、それは民主主義だって、結果は「間違いの民主主義」でしょう。だから、地獄の人口が今増《ふ》えて増えて困《こま》っています。そして、地獄に来てから説《せっ》得《とく》することは、またこれ不可能《ふかのう》に近い人が多くて、困っています。

この世で判定するもとになる権威《けんい》を持っている人たちが間違っているために、もう刷《す》り込《こ》まれてしまっているわけです。

大学の教授《きょうじゅ》とかでも、この世で犯罪《はんざい》に当たるようなことをする人は数は少ないとは思うけれども、その人の教えている内容に間違いがあったら、その教えを受けた人にはずっと汚染《おせん》がつながり、それが連綿《れんめん》とつながっていきます。

こういうのを「思想犯」というわけですけれども、思想犯の罪も思いのほか重いものです。この世で、殺人《さつじん》とか強盗《ごうとう》とか、いろいろな犯罪はあり、それは目に見えて「悪いことだ」ということが分かりやすいですが、思想犯の場合は分かりにくいのです。

特《とく》に、日本の憲法《けんぽう》とかも「思想・言論の自由」は言っているけれども、「間違った言論まで自由かどうか」というところは、やはり厳《きび》しい判定を受けることになります。多くの人を不幸に陥《おとし》れたり、間違った結果に導《みちび》いていくようなものであれば、それは当然《とうぜん》ながら責任は生じます。

「新聞地獄《じごく》」「テレビ地獄」「週刊誌《しゅうかんし》地獄」「ネット地獄」という新しい地獄

また、現在《げんざい》では、その法整備《せいび》が十分進んでいなくて検討《けんとう》はされていますが、「ネット社会」というものになってきて、匿名《とくめい》で、ネットで人の悪口等をいっぱい書いて、「炎上《えんじょう》する」と言うのでしょうか、そういうかたちになったりするようなこともあります。これも今、地獄《じごく》で緊急《きんきゅう》課題《かだい》として研究中であります。

基本的《きほん》に、「顔が見えない。名前が分からない」ということであったとしても、ある人に対する誹謗中傷《ひぼうちゅうしょう》、批判《ひはん》に当たること、本人の前で言えないようなこと、言って通らないようなこと、あるいは、ほかの人が証人《しょうにん》として見ていて、その人の前でそんなことを言っては絶対許《ぜったいゆる》されないと思うようなことをネット等に書き込みをし、他人《たにん》を貶めたり罠《わな》にはめたりして、「言論の暴力《ぼうりょく》」を使った者も、今、新しい裁《さば》きの対象《たいしょう》になっています。

ですから、今はちょっと、これまでの古い地獄だけでは足りない感じになって、とうとう、小さく分ければ、「新聞地獄」「テレビ地獄」「週刊誌《しゅうかんし》地獄」、それから「ネット地獄」みたいなものもでき始めていて、それぞれの専門家《せんもんか》が必要《ひつよう》になってくるので、多少専門知識《ちしき》を持った地獄の裁判官《さいばんかん》がそれを裁くことになったりします。

また、嘘《うそ》をつくとか人を傷つけるというだけではなくて、コンピュータを使って、もっと計画的な大きな犯罪もできます。

ハッキングのなかで、他の会社の情報や他の国の情報を抜《ぬ》いて、不法なかたちでそれを悪用したりすること、あるいは、外国の銀行にある他人《ひと》の財産《ざいさん》をコンピユータを使って抜いたりすることも、犯罪として証拠《しょうこ》が挙がれば捕《つか》まりますけれども、なかなか挙がらないように上手にやってはいます。

そういうこともあるし、あるいは、コンピュータ系《けい》の通貨《つうか》等も流通していますが、そのなかに信用《しんよう》というものがキチッと通っていて、そういうものをつくって運用している者たちが、良心《りょうしん》があって、「良心と信用」の下《もと》に人々の経済行為《けいざいこうい》を助けるためにやっているなら、許される余地《よち》はあります。

しかし、まったくの〝詐欺《さぎ》の変化形《へんかけい》〟として仮想《かそう》通貨等をいっぱいつくり出したり、電子マネーを操作《そうさ》によっていろいろと犯罪に使っているような場合は、これまたちょっと今までの地獄とは違って難《むずか》しくはなっているのです。「ネット地獄」という言葉も先ほど使いましたけれども、「電脳《でんのう》地獄」というか、「電脳空間の地獄」まで今できてきて、これまた専門家が出てきています。

意外に人材《じんざい》の供給《きょうきゅう》は出ていまして、今そういう仕事をしている人が多いので、そのなかで真っ当な人、まともな人をお呼《よ》びして、閻魔の法廷《ほうてい》での基本的な法則《ほうそく》を教えて、そして、「あなたの専門知識から見て、これは正しいと思うか、思わないか」というようなのを審議《しんぎ》させています。

だから、理科系でそうした技術《ぎじゅつ》を持っている方も、今、地獄の閻魔の法廷に来て手伝《てつだ》っていただいています。そうしないと、今までの古い概念《がいねん》だけだと、「現代の犯罪」、あるいは、「まだ犯罪とまで定義されていない犯罪」もありますので、これをやらなければいけないということです。

## 多くの人に影響《えいきょう》を与《あた》える思想犯《はん》は「絶対《ぜったい》に許《ゆる》さない」という閻魔庁《えんまちょう》

そのように、非常《ひじょう》に複雑《ふくざつ》化はしていますが、また、先ほど「思い」と「行い」と言いましたが、「思い」も「行い」も連動してくるとは思いますので、基本は、その「思い」のなかで、こういうものを反省《はんせい》してほしいのです。

まず、「貪欲《どんよく》」です。「貪欲《とんよく》」ともいいます。英語《えいご》で言うと、「greedy《グリーディ》」と言うのでしょうか。欲が深い。「日本昔ばなし」で言えば、欲深じいさんと欲深ばあさんが出てきますけれども、こういう人たちです。欲の深い人間に対しては、いちおう〝レッドカード〟は出てきます。

それから、「怒《いか》り」です。不必要に他の人を傷つけたり、あるいは家族を困難《こんなん》に陥れたり、組織《そしき》を困難に陥れたりして、怒りのコントロールができないで社会の不調和を生み続《つづ》けている人等は、一種《いっしゅ》の〝公害《こうがい》〟です。その〝公害〟を出し続けている人に対しては、そのゴミの片付《かたづ》けを要求《ようきゅう》されるわけで、自分が怒って人々を傷つけた部分の償《つぐな》いをやってもらうことになります。

それから、これは第1章の話でも出ていたとは思うのですけれども、「無知《むち》」に基づく考え方です。

学問の領域《りょういき》のなかにも、すでに「無知に基づく領域」がそうとう増大《ぞうだい》していて、そういう価値《かち》のない、本当にガラクタの学問や知識を教えて生活の生業《なりわい》にし、そのガラクタを使って、またそれを別《べつ》のところで教えたりして広げている人たちがいっぱいいます。

こういう人たちは、無知であることでも責任は問われます。たいていの場合、「二つに一つ」のことで間違っているわけです。「二つに一つ」、「右か左か」で間違うことであるわけですから、許《ゆる》されないことです。

だから、学問として人に教える者は、やはり、限《かぎ》りなく「真理」を求《もと》めなければいけないし、限りなく善悪《ぜんあく》の「善」を求めなければいけないし、限りなく美醜《びしゅう》の「美」を求めていく者でなければならないので、その方向で努力《どりょく》している学者等は六次元界の上段階《じょうだんかい》ぐらいまで行くことは可能ではありますけれども、真《ま》っ逆《さか》さまに地獄に堕《お》ちる人もけっこういます。この世では「○○大学教授」とかいう肩書《かたがき》は持っていても、間違ったことを教え続けている人の場合は「思想犯《はん》」ですので、思想を広めた分だけ、あるいは影響力《えいきょうりょく》があった分だけ、地獄の底深《そこふか》くに堕ちることになるのです。

これは学者だけでなくて言論人もそうだし、小説家等の作家とかもそうだし、新聞やテレビや雑誌やその他、映画《えいが》とか、いろんな作品をつくっている人のなかにも、そうした思想犯に当たる人はいっぱい出てくるわけで、これについては、「多くの人に影響を与《あた》えたために、絶対《ぜったい》に許さない」というのが、基本的には閻《えん》魔庁《まちょう》の態度《たいど》です。

「個人《こじん》対 個人」の犯罪もありますけれども、それは影響がまだ小さいのです。しかしながら、その人の垂《た》れ流した思想、例えば、本やマンガや映画、テレビの番組、その他で影響を与える人は、政治家《せいじか》にもいるだろうし、いろんな方がいると思います。多くの人に影響を与えて、この世的には「偉《えら》い」とされるなかでも、仏法真理《ぶっぽうしんり》の側《がわ》から見た善悪の判定をすれば、「悪」という判定が明らかに出てくることがあるのです。

要するに、公害のように、「川の上流で毒《どく》を撒《ま》いた。水銀を流した」というような感じになりましたら、魚の背骨《せぼね》が曲がって、まともでない魚がいっぱいできてくるようになり、その魚を食べた人がまた難病・奇病《きびょう》で苦しんだりするように、多くの人たちを狂《くる》わせることになりますので、「この世で出世した。成功《せいこう》した」と思って、バンザイをして喜《よろこ》んでいればいいわけではないのです。

むしろ、「この世では成功しなかった。凡庸《ぼんよう》な人生で終わった。平凡な人生だった。家族だけにしか影響を及《およ》ぼすことができなかった。会社でも、とりあえず機械《きかい》の代わりに存在《そんざい》していたぐらいにしか扱《あつか》われなくて残念《ざんねん》だった。この人生、つまらなかったな」と思っているような人は、あの世に還《かえ》ったときに、罪の少なきがゆえに、地獄から早く出られることもあります。しかし、あくどいことを考えて、大きな会社にしてしまったり、大儲《おおもう》けしたりしたような人は、その影響力の大きさから、そう簡単《かんたん》に許してもらえなくなります。

薬でも、偽薬《にせぐすり》をつくって売ったり、実際《じっさい》には効果《こうか》はない薬を「効果がある」と言って広めたりした人、あるいは、間違った法律《ほうりつ》をつくった政治家とか、そういう者も、やはり厳しく罰《ばっ》せられることになります。

だから、この世的に見れば、「この世しか人生はないのだから、この百年、あるいは百二十年以内の人生のなかで、できるだけ羽振《はぶ》りよく生きて、多くの人に尊敬《そんけい》されて、お金も儲かって、名前も売れたら、言うことなし」と、それから、「異性《いせい》からもモテたら言うことなし」と思っていると思うけれども、間違ったことを考え、間違ったことをして、そういうふうになっているならば、「来世《らいせ》の罪の重さは普通《ふつう》ではない」というふうに考えてよいと思います。

## 3　この世の価値判断《かちはんだん》が通用しない地獄《じごく》の判定基準《きじゅん》

### 地上での修行《しゅぎょう》の効果《こうか》は霊界《れいかい》の十倍に値《あたい》する

もうちょっと単純《たんじゅん》に言いますと、この三次元の物質《ぶっしつ》世界というのは、霊界《れいかい》と違《ちが》って、簡単《かんたん》には分かりにくいようになっているのです。だから、本当は、霊界で善行《ぜんこう》を行うよりも、この世で善行を行うほうが難《むずか》しいし、霊界で反省《はんせい》するより、この世で反省することのほうが難しいのです。

「この世での一年間の修行《しゅぎょう》は、霊界での十年間の修行にも匹敵《ひってき》することがある」ということです。だから、「わずか数十年生きて、悪人として判定《はんてい》された方が、数百年ぐらい地獄《じごく》で苦しむ」ということは、いくらでもあるわけです。

よいことも悪いこともあり、この世は、「肉体を持って、物のなかで物を利用《りよう》して生きていかねばならない」という、ある意味では、万人《ばんにん》が目隠《めかく》しをして手探《てさぐ》りで生きているような世界でありますので、このなかで「善悪」を見分け、「真《しん》偽《ぎ》」を見分け、「美醜《びしゅう》」を見分けていくことができる人というのは、その修行の効果《こうか》は大きいのです。

それがあるから、「繰《く》り返し繰り返し、この世に転生《てんしょう》してくる」という現象《げんしょう》があるということです。だから、学習することはとても多いのです。

あの世に霊体《れいたい》でいて、「自分が霊である」ということを悟《さと》ることというのは、かなり易《やさ》しいことなのです。でも、このかなり易しいことでさえ分からない人がいっぱいいます。だから、生きている人間に取り憑《つ》いて悪さをしているような者には、霊界の存在《そんざい》は意味が分からないし、「自分が霊体だ」ということさえ分からないので、生きた人間として、自分の不成仏《ふじょうぶつ》感を、生きている人間に取り憑いて晴らしたりしていることもあります。

だから、「自分が霊だ」ということを分からなければ、例《たと》えば「山道《やまみち》の急カーブのところで、事故《じこ》で自分が死んでしまった」というようなことがあれば、いつも、その辺《へん》で地縛《じばく》霊になっていて、雑《ざつ》な運転をしているような人が来たり、酒飲み運転とかをしている人がいたら、サーッと取り憑いて、また事故を起こして、同じようなことをする人もいます。

これは、「もう本当に考える材料《ざいりょう》がなくて分からない人がいる」ということです。残念《ざんねん》なことです。

それから、何十年か前になりますけれども、地上では検事総長《けんじそうちょう》をしていた方が自伝《じでん》のようなものを書いて、その題が『人は死ねばゴミになる』でした。検事総長をやった方がそういう本を出していましたが、「人は死んだらゴミになる」で、要《よう》するに〝唯物論《ゆいぶつろん》のなれの果《は》て〟です。

こういう方が、善悪を裁《さば》く、その頂点《ちょうてん》の立場に立っていたら、それは罪《つみ》は重いでしょう。唯物論でしか見ていないわけですので、自分は〝閻魔《えんま》の道〟を歩んでいるつもりでいるかもしれないけれども、検事総長から大閻魔に、すぐになれるかと思ったら、こういう思想的に間違っている者は許《ゆる》されないということです。

裁判官《さいばんかん》も同じです。司法試験《しほうしけん》には宗教科目《しゅうきょう》はまったくありませんから、この世的なことばかりを知識《ちしき》として持って判定しています。大部分の、七、八割《わり》は、ある程度《ていど》、納得《なっとく》するものもあろうかとは思いますが、二、三割ぐらいは、やはり、間違ったものもあるかと思います。

良心《りょうしん》に照《て》らして、その判決が正しいかどうか、考えなければいけません。間違った判決をしょっちゅう下しているような人は、そのなかで致命《ちめい》的な間違いがあった場合は、やはり、裁判官であろうと地獄へ行かなければいけないのです。

弁護士《べんごし》であっても、悪徳《あくとく》弁護士に相当する人は地獄へ行かなければいけないのです。例えば、「宗教の犯罪《はんざい》を告発《こくはつ》する」とか言ってやっている弁護士たちもいます。それは正当な行為《こうい》である場合もあるのですけれども、逆《ぎゃく》に、神仏の使命を帯《お》びてやっている宗教を社会的に葬《ほうむ》るような仕事をしていれば、そうした弁護士たちも、残念ながら、弁護士バッジを付《つ》けていても地獄に行くということになります。

だから、地獄での判定基準《きじゅん》では、「この世での価値判断《かちはんだん》がまったく通用しない」ということです。この世の学歴《がくれき》も通用しない。資格《しかく》も通用しない。人が尊敬《そんけい》していたかどうか、あるいは、お金持ちであるかどうか、家が大きいかどうか、家系《かけい》が、例えば貴族《きぞく》、あるいは王族、あるいは名家であったかどうか、こんなものは一切考慮《いっさいこうりょ》されないということです。すべて、信仰心《しんこうしん》、そしてその人の思いと行い、これが、その人が何者であるかを示《しめ》すことになるわけです。

「貴族制《せい》が崩壊《ほうかい》して四民平等《しみんびょうどう》の世になった」というのは、ある意味では、よいことかとは思います。昔の時代には、身分が高い人であれば、身分の低《ひく》い人たちをいじめても殺《ころ》しても罪に問われない時代もけっこうありましたから、そういうころよりはよくはなったとは思う面もありますけれども、基本的に、「人間として、ありうべき行為かどうか」ということを裁かれることになります。

ただ、「閻魔の法」は杓子定規《しゃくしじょうぎ》なものではありませんので、先ほど言いましたように、その人の善行《ぜんこう》と悪行《あくぎょう》の両方を比較衡量《ひかくこうりょう》し、さらに関係者《かんけいしゃ》等の意見なども衡量し、「情状酌量《じょうじょうしゃくりょう》の余地《よち》があるかどうか」まで判断した上で、罪を決定します。

## 思想犯《はん》は地獄《じごく》の底《そこ》の「無間《むけん》地獄」に隔離《かくり》される

最《もっと》も罪の重い人たちには、閻魔の法廷《ほうてい》さえ通らずに、死んで真《ま》っ逆《さか》さまに地獄《じごく》の底《そこ》まで堕《お》ちる人もいます。これは、「誰《だれ》が見ても、もうどうしようもない」という方です。

真っ逆さまに堕ちる人のなかには、特《とく》に、こういう仏法真理《ぶっぽうしんり》に関係することで、正反対のことを言って人を妨害《ぼうがい》したり邪魔《じゃま》したりしていた人がいます。地獄人口を増《ふ》やすようなことをやっていたような人の場合は、許されることはないので、「真っ逆さまに堕ちる」ということが多いのです。

ただ、それでも、頑固《がんこ》に「あの世はない」「神仏なんかない」と言い張《は》っている人もいます。そういう人の場合は、自分で幻想《げんそう》の世界を見ていることが多いので、病院の特別室《とくべつしつ》みたいなところに自分が入れられて監禁《かんきん》されているように思っている人もいることはいますけれども、現実には「無間《むけん》地獄」という所、地獄の底まで堕ちている人がいます。

無間地獄の特徴《とくちょう》というのは、ほかにも堕ちている人はいっぱいいるのだけれども、お互《たが》いに相手が見えないので、漆黒《しっこく》の闇《やみ》であり、真っ黒の井戸《いど》の底みたいな所に堕ちているような状態《じょうたい》に近いのです。あるいは、刑務所《けいむしょ》的に見れば、独房《どくぼう》に入っていて、ほかの人とまったく話もできず、会うこともできないような状態になっている感じになります。

思想犯《はん》として完全《かんぜん》に隔離《かくり》された状態ですので、本当は手近な二、三メートルのところにほかの人がいる場合もあるのですが、お互いに認識《にんしき》できない、話し合うことができない、そういうふうに完全に孤立無援《こりつむえん》の状態に置《お》かれていることが多いのです。これは「隔離される期限《きげん》が長くなる」というのが基本です。

そのなかで、だんだんに反省し始める人もいます。その場合には、機会《きかい》が来たら、しかるべき人が行きます。ときどき刑務所に教誨師《きょうかいし》という宗教家が来て道を説《と》いたりすることがありますように、無間地獄にも、一定の時期が来たら、ふさわしい人が行きます。

天国、天上界《てんじょうかい》に行って、光の天使になろうとしている人たち、その卵《たまご》たちが行くことが多いのです。〝インターン〟です。〝光の天使のインターン〟のような方々が、実践《じっせん》を積《つ》むためにその地獄に行って、話をして間違いを正そうとするのだけれども、なかなか、生きていた間に何十年かで刷《す》り込《こ》んだ考えを捨《す》てることはできないことが多いのです。

たいてい、こういう人の場合はうぬぼれています。「自分はとっても偉《えら》い人だ」と思っているために、人に頭を下げない。間違いを認《みと》めない。だから、長くなるし、救《すく》われないということです。でも、その内実は、孤独で寂《さみ》しくて、悲しくて、つらくて、ひもじくて、本当に無期懲役《ちょうえき》に近いような状態になっているということです。

## 4 同類《どうるい》が集まる「地獄《じごく》の法則《ほうそく》」と地獄の諸相《しょそう》について

### 戦争《せんそう》で正当性のあるものは「罪《つみ》に問われない」が、地獄的なものは「阿修羅《あしゅら》地獄」

地獄《じごく》でも、もうちょっと浅《あさ》くなってくれば、ほかにも仲間《なかま》がいっぱいいるようになりますけれども、だいたい、地獄の法則《ほうそく》には、「同類《どうるい》が集まってくる」という法則があります。

あるいは、同病が集まってきます。病院でも、同じ病気の人を集めます。精神《せいしん》の病気なら精神科に集まるし、心臓《しんぞう》なら心臓、頭なら頭、いろいろな病気によって、集める人はだいたい同じです。ガンならガン病棟《びょうとう》で集まっていますけれども、同じように地獄でも、そうした似《に》たような傾向《けいこう》のある人たちを集めている所が多いのです。

そして、自分と似たような人と、同じ世界で「闘争《とうそう》と破壊《はかい》の世界」を繰《く》り返すことによって、間違《まちが》いに気づいてくるということです。

ただ、戦争《せんそう》とか戦《たたか》いとかは時代によっては起きますので、これがかかわればもう「全部悪」というわけでは必《かなら》ずしもありません。神仏《しんぶつ》も「やむをえない」と思っているようなものもありますから、そういうものまで問われるわけではなく、歴史《れきし》上、戦争をして国を建《た》てた人や、あるいは将軍《しょうぐん》をやった人とかが全部、悪魔《あくま》というわけではありません。

必要《ひつよう》なものもあります。国民《くにたみ》、国民《こくみん》を護《まも》るために一生懸命《いっしょうけんめい》戦った人もいるだろうし、人間としての最低限《さいていげん》の戦いとして、家族を護るために戦うというようなことはあります。

それは、法律《ほうりつ》的にも「正当防衛《ぼうえい》」とかいわれていますけれども、夜、家に押《お》し込《こ》み強盗《ごうとう》が入って、刃物《はもの》とか拳銃《けんじゅう》とかで家族の何人かを撃《う》ち殺《ころ》したり刺《さ》したりして、そして財物《ざいぶつ》を奪《うば》おうとしているような者、こういう者に対して、夫《おっと》が暴力《ぼうりょく》を振《ふ》るって戦うとか、あるいは銃社会の国であれば、銃で応酬《おうしゅう》、応戦する場合もあります。

そういう状態《じょうたい》になれば、いちおう、この世でも裁判《さいばん》もあるでしょう。それで終わっている場合はそれでよろしいのですが、十分それでは審議《しんぎ》が尽《つ》きていないと思われるようなものについては、閻魔《えんま》の法廷《ほうてい》での裁定が下《くだ》りますけれども、ある程度《ていど》、そうした自衛や正当性のあるものについては斟酌《しんしゃく》されます。「それは、やむをえないだろうな」ということです。

例《たと》えば、今の日本のような国であって、「戦争に見舞《みま》われる。近いうちに戦争に巻《ま》き込まれる」というようなことがあるとします。

これは私の今の立場で言うべきことではないかもしれないし、政治《せいじ》や軍事の側《がわ》の責任者《せきにんしゃ》が言うべきことだとは思いますけれども、北朝鮮《きたちょうせん》が例えば核兵器《かくへいき》をたくさんつくって、日本に問答無用《もんどうむよう》で撃ち込んでくるとします。

それで、日本人のうちの、何百万とか何千万の人が死んで、そして、「日本は北朝鮮の属国《ぞっこく》になれ。持っている財物は全部差《さ》し出せ。これからは奴隷《どれい》としておまえたちを扱《あつか》う」というようなことをやるとしたら、これに対して、やはり「国民を護るために、ちゃんと武器《ぶき》もつくり、応戦して防衛する」というようなことを、「閻魔の法」でも「悪」とは判定はしません。

それは当然《とうぜん》のことだし、向こうのほうが悪いことをしているというのなら、それはあちらのほうが許《ゆる》されざるものですので、そちらのほうには必ず判定を下します。ただ、両方ともある程度悪さがある場合もあるので、それについては、それぞれ個々《ここ》に判断《はんだん》します。

二千五百年前の仏陀《ぶっだ》の法によれば、「戦争をする場合、そこで戦士《せんし》として戦っている人たちには罪《つみ》があるかないか」ということを仏陀は訊《き》かれて、「第一義的《だいいちぎ》な罪は国王にある」と説《と》いています。

ただ、国王でない場合もあると思います。今だったら、首相とか大統領《だいとうりょう》とか、いろいろあると思うのですが、「第一義的には、罪があるかないかは国王が問われる」ということです。「正しい戦争かどうか」ということです。

そうでなければ、将軍でしょう。将軍たちが「正しいかどうか」という判定をされて、下へ行くほど、そういうものの斟酌《しんしゃく》は少なくなるわけです。

例えば、一警察官《けいさつかん》とか一自衛隊員《じえいたいいん》であれば、上が決めた大きな命令《めいれい》から逃《のが》れることはできないこともありますから、「目標物《もくひょうぶつ》に対して一斉射撃《いっせいしゃげき》をせよ」という命令が出たら、それはするでしょうけれども、これについては、義務《ぎむ》と、そうした指揮《しき》命令系統《けいとう》で、法律系統が完備《かんび》されているものであれば、罪は問われないこともあります。

だから、必ずしも、戦争とかそうした行動が全部罪になるわけではありません。ただ、敵国《てきこく》あるいは他の民族と戦争をしているなかに、人間性を超《こ》えた残忍《ざんにん》さとか卑劣《ひれつ》さのようなものが、個人として責任を問われる状態まで出てきたなら、これはやはり個人であっても責任は問われます。

例えばアフリカでも、ある国ではツチ族とフツ族が斧《おの》とか鉈《なた》とか、こういうものを持って殺し合うようなことがありました。これも理由があっての戦いもありますが、もう暴徒《ぼうと》と化した個人が無差別《むさべつ》に人を殺したりしているなかに、その殺している人にも責任が問われるようなものがあれば、それは個人として裁かれることになります。

こうした争《あらそ》い、戦い事のなかで、「地獄的なもの」として判定された人は、いわゆる「阿修羅《あしゅら》地獄」「阿修羅界」という所に行きます。そこでは永遠《えいえん》に殺し合いが続《つづ》いていているわけです。

例えば、「関ヶ原《せきがはら》の戦い」のようなものでは東軍と西軍に分かれて戦いました。自分がどこに生まれたかによっても所属するところが違いますので、「勝てば官軍」になることは当然ではあるけれども、地獄から上がれないで残《のこ》っている人も少しはまだ今いると思います。今は、さすがにもう人数は減《へ》っているとは思います。

しかし、こういう人たちは、殺し合いを続けているうちに、「こんなバカなことをし続けている」ということで、その非《ひ》を悟《さと》ることによって、天上界《てんじょうかい》に上がっていくことができます。だんだん数が減ってくるわけです。だから、「自分と似たような者を見ることによって反省《はんせい》する」ということもあるのです。

**唯物論《ゆいぶつろん》の快楽主義者《かいらくしゅぎしゃ》が辿《たど》り着く「血の池」「針《はり》の山」「刀葉林《とうようりん》」の地獄**

血の池地獄もそうです。生きていたときに、人間として男女の道を大きく踏《ふ》み外した者たちで、他の傍証《ぼうしょう》というか、救《すく》うべき条件《じょうけん》が特《とく》にないような人の場合は、

「血の池地獄」という所に放り込まれます。これも似たような者ばかりが集まっているわけですから、「自分にとって喜《よろこ》びであり美しくて快楽《かいらく》をもたらすと思っていたものが、実は苦しみである」ということを本人が気づくところまで体験《たいけん》するわけです。

「血の池」というのは一つの象徴《しょうちょう》ですけれども、こういう所で血の池の水に溺《おぼ》れて、あっぷあっぷしながら、いっぱい男女が浮《う》いています。裸《はだか》で浮いているわけです。それで、血の池で溺れかけながら浮いている人たちを見て、この世における性欲《せいよく》のようなものが出てくるかといったら、出てくるようなものではないわけです。みんなもうお化《ば》けのようなもの、化け物みたいなものですので、嫌《いや》な感じです。

それだけでは足りなくて、その池の外の地獄も現実《げんじつ》に存在《そんざい》します。今は二〇二〇年代ですが、まだ存在しています。仏教で説かれている地獄はそのまま、まだ現実にあります。

「血の池」、「針《はり》の山」というのは古典《こてん》的に地獄としていわれていますけれども、悪事を働《はたら》いた人たちが、剣《けん》が地面から立っているような所で、刑吏《けいり》、獄吏《ごくり》あるいは鬼《おに》たちに追い立てられていったら、もう体がいろいろと切り刻《きざ》まれて血だらけになります。とても嫌な痛《いた》いものですけれども、そういうことを経験《けいけん》させられます。

それから、仏教で有名なのは「刀葉林《とうようりん》の地獄」です。お互《たが》い地獄に堕《お》ちている者同士ではあるけれども、男を誘惑《ゆうわく》する女性というのもいます。これには特に商売系でやっている人も多いし、犯罪絡《はんざいがら》みまで行っている人も多いと思います。

例えば、木の上に美人がいて、その下に色情《しきじょう》系の亡者《もうじゃ》たちがいっぱいいます。そして、「こちらにいらっしゃい」と木の上で呼《よ》んでいるから、みんな登ろうとして一緒《いっしょ》に一生懸命上がるわけですが、木の葉っぱ一つひとつがみんなカミソリの刃のようになっていて、下に向いていて、登ってくる人は体が切り刻まれるのです。

上まで行ったら、今度は美女は上にいなくて下にいて、「降《お》りてきてください。私はここにいますよ」というようなことで、今度は下に降りようとすると、この刃が全部上を向いているのです。

こういう「刀葉林地獄」というのも一つあります。

結局《けっきょく》、こういうもので教えようとしているのは何かというと、「もう肉体しか自分がないと思っている人たち、唯物論者《ゆいぶつろんしゃ》、唯物論の快楽主義者《しゅぎしゃ》たちに、快楽ではないことを唯物論的に教えようとしている」ということなのです。善悪《ぜんあく》というものは考えないで、「快楽か不快《ふかい》か」ぐらいだったら分かる。これは昆虫《こんちゅう》でも分かることですので、これを教えられているわけです。

どこかで自分の唯物論的な快楽主義の非を悟らねばならないときが来るわけです。「バカげている」ということに気がつかなければいけないのです。

これも麻薬《まやく》とかコカインとかと同じで常習性《じょうしゅう》が出てくるし、快楽にもう溺れてしまった場合には常習犯になって抜《ぬ》けることはできないので、それがとことん嫌になるまで経験するなりして、「まともな人間に立ち返りたい」という気持ちになるように導《みちび》かれることもあります。

一通り、罪に触《ふ》れるものについては、幾《いく》つかの地獄を経験してもらうことになって、地獄は一種類《しゅるい》ではありませんけれども、その人のメジャーな悪についての地獄は〝必修《ひっしゅう》コース〟なので、必ず通ってもらうことになります。現代人であれば、今の色情系もかなり増《ふ》えていると思われます。

## 5　肉体的快楽《かいらく》と、あの世での代償《だいしょう》について

### 動物と人間の違《ちが》いを分ける「自制心《じせいしん》」

大事なことは、やはり、「動物と違《ちが》うところぐらいは認識《にんしき》していただきたい」ということです。人間として相手の尊厳《そんげん》を認《みと》めた上で、魂的《たましいてき》に愛《あい》し合う。そし

て高め合う。それをいちおう理解《りかい》した上で、人間として許《ゆる》されている範囲《はんい》内で、肉体的な快楽《かいらく》も伴《ともな》うことがある種《しゅ》のこの世の幸福になることもあるので、そのへんは許されてはいるものではあります。

けれども、それを超《こ》えて、「動物ならそうするであろう」というレベルまで行っているなら――例《たと》えば動物の雄犬《おすいぬ》も、雌犬《めすいぬ》がいるところに放てば、もう見境《みさかい》はなく、次から次へと襲《おそ》いかかるであろうと思いますけれども――そういうレベルになっているようなら、ちょっと問題です。

日本では狐《きつね》の霊《れい》がよく出ますが、これも、女性が〝悪魔性《あくましょう》〟というか〝魔性《ましょう》〟を発揮《はっき》して、男をたぶらかして堕落《だらく》させたり、罪人《つみびと》にしたり、道を間違わせたりすることもよくあります。「女性はモテるのが仕事」と思っている方もいるので、そういう魔性性《ましょうせい》を秘《ひ》めた性的《せいてき》な魅力《みりょく》に夢中《むちゅう》になっている女性等は、それはまた畜《ちく》生道《しょうどう》に近いところにあるわけです。だから、血の池地獄《じごく》は比較《ひかく》的、畜生道に近い所にあります。「convertible《コンバーティブル》」というか交換可能《こうかんかのう》なところがあります。

では、動物はみんな駄目《だめ》かといったらそんなこともなくて、例えば、パンダというのは一年のうちにもう二日か三日しか恋をしないのです。その二、三日の間に動物園の飼育員《しいくいん》とかは何とかして結婚《けっこん》してもらおうと思って、もう〝拝観禁止《はいかんきんし》〟にしてお客を入れずに静《しず》かな環境《かんきょう》を整えて、精神統一《せいしんとういつ》をして、結婚してほしいというようなことでやっています。年に二日ぐらいしか発情《はつじょう》しないパンダは、一年中発情している人間に比《くら》べれば、もしかしたら、もうちょっとまともかもしれないという感じもします。

俳句《はいく》では「猫《ねこ》の恋」という季語《きご》がありますけれども、二月ということになります。二月ごろに妊娠《にんしん》すると夏ごろに生まれます。夏ごろに生まれると育てやすいということです。食料《しょくりょう》も豊富《ほうふ》だし、凍《こご》え死ぬこともないので、だいたいそのころに生まれるように設定《せってい》されているわけですが、それ以外《いがい》の季節《きせつ》に関《かん》しては、〝男女〟の猫がいても、特《とく》に関心がない状態《じょうたい》で過《す》ごしているものもあります。

ですから、「動物だから全部人間より下」というのなら、間違いもあるかもしれないので、このへんは気をつけなければいけないと思います。ある程度《ていど》、これは自制心《じせいしん》ではなくて本能なのかもしれませんけれども、動物でも、一年中発情しなくてもいいようになっているものもあります。

一方、人間は一年中発情はできますが、それがゆえに自制心が必要《ひつよう》で、「時《とき》・所《ところ》・相手」を選《えら》ばなければいけないということです。「ある程度、正当性があるかどうか。神様・仏様《ほとけさま》、あるいは指導霊《しどうれい》、守護霊《しゅごれい》の目から見て正当と思えるかどうか」ということです。

仏教《ぶっきょう》のなかでは「時に非《あら》ず」「非時《ひじ》」というのがあります。

例えば夫婦《ふうふ》とか、そういう性的関係に入ってもおかしくないような関係の人たちが、仕事が終わったレベルで、くつろぎの時間帯《たい》に睦《むつ》み合うこと自体はよろしいのですけれども、それが日中から、仕事をしている時間帯からセックスに励《はげ》んでいるような感じになったり、あるいは、子供《こども》たちがいっぱいいて、まだ起きているなかで、夫婦がそういうものに励んでいたりすると、悪影響《あくえいきょう》が出ます。そういう、時を選ばないような場合は、いちおう仏教的には不法行為《ふほうこうい》に相当します。

それから、場所を選ばないこともそうです。刑法《けいほう》でも、わいせつ物陳列罪《ちんれつざい》とか、公衆《こうしゅう》の前で淫《みだ》らな姿《すがた》を見せたり、いろいろすることは罪になりますけれども、一緒《いっしょ》でしょう。そういう、場所を選ばないものも許されないことです。

場所を選んで、「ストリップ小屋でストリップをしているなら、文句《もんく》はないだろう」と、それはおっしゃるとおりですけれども、そのへんは、警察《けいさつ》とかがどのような判断《はんだん》で取り締《し》まりをしているかにもよります。完璧《かんぺき》にはやっていないようではありますけれども、あまりきっちりやりすぎると、今度は犯罪《はんざい》が増《ふ》える場合もあるので、警察はそのへんは〝手加減《てかげん》〟をときどきして、きつくしたり緩《ゆる》くしたりしながらやっているところもあるようです。

性産業《さんぎょう》自体には地獄的な部分が多いのですけれども、まったく完全に〝滅菌《めっきん》状態〟にすると、今度は〝素人《しろうと》〟の女性とかが会社帰りとかにいっぱい襲われたりするようなことも増えてくることもあって、このへんは〝微妙《びみょう》なさじ加減〟でやっているようです。

それが正しいかどうかについては、別途《べっと》、判断はありますけれども、そういうことがあるようには思います。非常《ひじょう》に難《むずか》しいところです。

## 肉体は魂《たましい》が宿る〝聖《せい》なる宮《みや》〟として大切に使ってほしい

ここで間違ってはいけないのは、「この肉体というのは自分のもので、自分の自由になるから、どうしようと勝手じゃないの」というような感じで思うことです。

「足が生《は》えているから、サッカーボールを蹴《け》って、サッカーをして何が悪い」「手が生えているから、野球のバットを振《ふ》って、ヒットを打って何が悪い。同じじゃないか」というようなことで、「人間にはもう自分の肉体所有権《けん》があるんだから、どう使おうと勝手じゃないか」と思っている方がけっこう多いということです。

これに対しては、いちおう、「両親から頂《いただ》いた肉体である」ということに対する感謝《かんしゃ》を持たなければいけません。肉体を頂き、赤ちゃんとして産《う》んでいただいて、育てていただくのに大変《たいへん》な苦労《くろう》をかけてきているわけです。

「犯罪人になってほしい」と思って育てている両親はほとんどいないはずです。「世の中の役に立って立派《りっぱ》な人間になってほしい」と、ご両親はだいたい願《ねが》われて、努力《どりょく》してくださっています。つらい仕事もし、ご飯《はん》もつくり、子供が泣《な》けば夜も眠《ねむ》れない、そんななかを育ててくださったのです。

大人になって、「もう十八歳《さい》になった。二十歳になった。もう自分の自由だ」と思うのは結構《けっこう》だけれども、「両親から頂いた肉体をどのようなかたちで使うか」ということで、社会に還元《かんげん》していくというか、次の責任《せきにん》につなげていかなければいけないわけです。

大人になったときに、自分があまりデタラメすぎる生き方をしていたら、今度はまた、いろいろなかたちで子供ができたりすることもありますけれども、子供たちに不幸を撒《ま》き散《ち》らすこともありえますので、このへんの責任の自覚《じかく》が必要です。

また、両親から直接《ちょくせつ》には肉体を頂いていますが、それ以前の段階《だんかい》で、「神仏が存在《そんざい》して、霊界《れいかい》というところがあって、生まれ変わりの仕組みがあって、許可《きょか》されて転生輪廻《てんしょうりんね》してきているのだ」ということです。

だから、実存主義《しゅぎ》的な考えはほぼ間違いです。「偶然《ぐうぜん》に投げ出されて、親を選べないで、こんなところに生まれた」という被害妄想《ひがいもうそう》になっている方もいるかもしれないけれども、生まれてくる先は知って生まれてきているので、もし困難《こんなん》なところを選んで生まれているなら、修行課題《しゅぎょうかだい》が何らかあるはずなのです。それは知ってほしいというふうに思います。

やはり、「自分の体も〝聖《せい》なる宮《みや》〟なんだ。魂《たましい》が宿る〝聖なる宮〟なんだ」と思って大切に使ってほしいと思います。それ自体は善《ぜん》でも悪でもないのですが、包丁《ほうちょう》やナイフであっても、上手に使えば料理にも使えますし、果物《くだもの》の皮も剝《む》けますけれども、人殺《ひとごろ》しに使おうと思えば凶器《きょうき》に変わります。

そういうふうに、使う人の気持ちによって善にも悪にもなるということです。

## この世で「人権《じんけん》はある」が、地獄界《じごくかい》には「人権はない」

今は、ちょっと、LGBTQ等がどんどん世界に広がっていっていて、特に西洋民主主義国《みんしゅしゅぎこく》というところでは広がっており、それを「人権《じんけん》だ」というふうに言ってはいます。LGBTQ等の人で、ある程度、あの世に来る人も増えてき始めたので、点検《てんけん》してみるかぎりは、この世の人権で言ってはいるのですが、あの世の地獄界《じごくかい》には残念《ざんねん》ながら「人権はない」のです。人権がない状態になっています。

先ほど「刀葉林《とうようりん》」の話もしましたが、そういうのがふさわしい人には、刀、剣《つるぎ》の生えている所で追い立てられる罪もあるけれども、今はもうちょっと現代《げんだい》的な地獄も出ています。外科手術《げかしゅじゅつ》が普通《ふつう》にありますので、医者が手術をするときのような道具がいっぱい出てきて、使われています。

だから、病院型《がた》の地獄もあって、そこで「電気鋸《のこぎり》で体を挽《ひ》かれる」とか、あるいは「手術をされて、メスで切り裂《さ》かれる」とか、こういうことも行われる地獄もあります。

そういう地獄がある以上、医者や看護師《かんごし》であろうとも、「その本分《ほんぶん》を忘《わす》れて、人間として悪人であった」という人もいるということでしょう。病院を経営《けいえい》しているなかにも、悪徳《あくとく》医者もいます。全部が全部、天使とは言えないところがあるので、そういう人も来ていて、そういうことをやっている人もいるということです。

だから、ちょっと、時代の変わりを今感じてはいます。

昔は「黒縄《こくじょう》地獄」というものもありました。黒縄というのは、これは墨縄《すみなわ》のことなのです。

大工《だいく》が木を切って柱をつくっていったりするときに、糸に墨を含《ふく》ませたものを柱の片方《かたほう》から片方につけておいてピッと放すと、柱のほうにピシーッとした線が引けます。そして、その線に沿《そ》って鋸で挽いていくと、きっちりと材木《ざいもく》が切れるわけです。

これを「墨縄」といいます。私の祖父《そふ》は宮大工で、そういうのは得意《とくい》だったそうです。「源左衛門《げんざえもん》」といっていたのですが、「源さんの墨縄には、もう一分《いちぶ》の隙《すき》もない。ピシーッと全部引ける」というようなことを言われていたと聞いています。

それを人間を切り刻《きざ》むときに使うという地獄が黒縄地獄であり、その墨を付けた糸でピシッ、ピシッ、ピシッとするわけです。これは、キョンシーというか、東洋型のゾンビで復活《ふっかつ》する「キョンシーもの」にもちょっと出てくるのですけれども、こうした墨縄を打って、本当は切り刻むことになるのです。

そういう地獄が昔はあって、今はちょっと、病院とかが関連《かんれん》している地獄が多いのです。今も、廃《はい》病院、もうなくなった病院、営業していない病院のような所に、夜の心霊体験《たいけん》スポットで行ったりもしていますけれども、そういうものが地獄界にも現《あらわ》れてきて、そうしたお仕置《しお》きの場になっていることもあるということです。

だから、言っておきたいのは、「この世で人権を主張《しゅちょう》されても結構だけれども、あの世で人権がまったくなくなる状態にまでなるなら、おやめになったほうがよろしいのではないですか」ということです。

自由は大事です。とても大事ですが、その自由にはやはり責任が伴うので、「その自由をみんながやっていったら、世の中がどうなるか」ということをいちおう検討《けんとう》しなければいけないのです。

みんながそのとおりやったら世の中が崩壊《ほうかい》して社会の秩序《ちつじょ》が乱《みだ》れてしまうなら、やはりそれはよろしくないことです。

カント的ではあるけれども、「自分がやっていることを『周《まわ》りの人がみんなまねをして、そして世の中がよくなる』と思うのなら結構だけれども、自分がやっていることを『自分だけはやってもいいけれども、ほかの人にやってもらったら困《こま》る』というようなことでみんながやっていたら、それは犯罪になるわけで、勧《すす》められることではない」ということです。

だから、「みんながしてもいいようなことをやりなさい」ということで、「格《かく》率《りつ》」という言葉がありますけれども、同じであって、まねをしてほしくないようなことはしないほうがよろしいかと思います。

麻《ま》薬《やく》とか覚醒剤《かくせいざい》とかを打つのも、日本などではまだ犯罪として厳《きび》しく取り締まられていますけれども、海外ではもうちょっと緩いところが多いし、資金源《しきんげん》になっているところもあるのです。国としての収入《しゅうにゅう》になったり、あるいは犯罪組織《そしき》の収入源になっているようなところもあります。

ただ、先ほど言ったように、「自分の体は自分のものだから、麻薬や覚醒剤でどうなろうと、そんなの勝手じゃないか。長生きしようが早く死のうが、自分の勝手じゃないか」という考えもあるかもしれないけれども、必《かなら》ずそういうものは広がっていくものですので、「ほかの人もそうなって、この社会は構わないのか。

次の代はどうなるんだ。その次の代はどうなるんだ」ということを考えれば、やはり、望《のぞ》ましいことではないものはやめたほうがいいということです。

そういうことが言えるかと思います。

## 6 死後、「信仰《しんこう》」「思い」「行為《こうい》」は確実《かくじつ》に裁《さば》かれる

地獄全般《じごくぜんぱん》について説《と》くのはやや難《むずか》しいのですが、犯罪《はんざい》に関係《かんけい》したことは地獄では裁《さば》かれるし、それ以外《いがい》に関しては、この世の法網《ほうもう》をかいくぐって、有罪や、あるいは民事《みんじ》上の加害者《かがいしゃ》にならなかった者でも、地獄では裁かれることがあるということです。

だから、「信仰《しんこう》」、そして「何を考えたか、思ったか」です。これは「貪《とん》・瞋《じん》・癡《ち》・慢《まん》・疑《ぎ》・悪見《あくけん》」の六大煩悩《ぼんのう》を中心に考えればよろしい。

それから、「行為《こうい》」です。「行いとして、人の神性《しんせい》や仏性《ぶっしょう》を傷《きず》つけるようなことを多くやった者はなかなか許《ゆる》されない。あえて、この世に生きている間に改心《かいしん》するならば、逆《ぎゃく》のことをちゃんとやって、別《べつ》の人間になるように努力《どりょく》をしなさい」ということです。

全部が全部は語れませんでしたけれども、これが地獄の実態《じったい》だし、閻魔《えんま》の裁きなるものは、かたちはちょっと国によって違《ちが》うことがありますけれども、必《かなら》ずあります。

もちろん、裁判官《さいばんかん》のようなかたちで出てきて、やっているところもあるし、偉《えら》い役人のようなかたちで出てくる場合もあるし、裁きのかたちは国によっては違いますけれども、確実《かくじつ》に裁かれます。

また、子供《こども》であっても、某宗教《ぼうしゅうきょう》（『生長《せいちょう》の家《いえ》』）のように、「七歳《さい》までに死んだ人は全員、高級霊《こうきゅうれい》だ」と言うようなところもありますけれども、そんなことはありえません。

人間としての十分な意識《いしき》を持っていないうちに死んだ人の場合は、迷《まよ》っていることが多いのです。どうしたらいいかが分からないのです。それを教わっていないからです。

だから、「賽《さい》の河原《かわら》で石を積《つ》む」というようなことが仏教系《けい》では昔から言われていますけれども、そうした、早くして死んで迷っている子供たちが集まっている地獄もあります。それに導《みちび》きの天使が行くこともあるのだけれども、言葉が通じないためになかなか救《すく》えません。そういうこともあるのです。

親のほうは妊娠中絶《にんしんちゅうぜつ》等をけっこうやっているとは思いますし、産《う》んだ場合のほうがもっと地獄領域《りょういき》が広まることもあるので、「やむをえない場合もある」とは思うのですが、「原則《げんそく》、魂《たましい》が宿っているものだ」と思って、妊娠中絶等をやって死なせた場合には、ちゃんと仏法真理《ぶっぽうしんり》を理解《りかい》して、供養《くよう》する気持ちを持ったほうがいいと思います。

水子《みずこ》供養のようなものを霊感商法みたいに言う弁護士団体《べんごしだんたい》などもありますし、

それを金儲《かねもう》けのためだけにやっているのだったら、「そうだ」と言えるかもしれないけれども、実態問題として、「子供だから、死んでからどうしていいか分からないで、親に頼《たよ》る以外に方法がない」という場合もあるのです。そういう場合は、ちゃんと弔《とむら》ってあげることは大事なことだと思います。

信じてもいないのに「供養」と称《しょう》してお金を取っているだけだったら、詐欺罪《さぎざい》に当たると思うのですけれども、ちゃんと理解した上で導くことは大事だと思います。

それから、お墓《はか》とかにちゃんと、死んだあとに埋葬《まいそう》してあげて、きっちりと祀《まつ》ってあげることも、基本的《きほん》には「人間としての徳《とく》」だと私は思っています。

経済《けいざい》が悪くなれば、そちらも省略《しょうりゃく》化されてきていて、自然葬《しぜんそう》とか樹木葬《じゅもくそう》とか勝手にやっております。それだけで全部は申せませんけれども、もし唯物論《ゆいぶつろん》的思想からそうなっているのだったら、ここも踏《ふ》みとどまらないといけません。人間として、葬式をしたりお墓をつくったりしていることが、やはり、「あの世がある」

ということを文化として継承《けいしょう》していくための手段《しゅだん》になっているので、それを大事にしてほしいと思います。

話は以上にします。

# 第3章

# 呪《のろ》いと憑依《ひょうい》

――地獄《じごく》に堕《お》ちないための「心のコントロール」

## 1　地獄《じごく》へとつながる「呪《のろ》い」と「憑依《ひょうい》」

「天国に行くか、地獄に行くか」は生きているうちに始まっている

地獄関連《じごくかんれん》の話をしているところなのですけれども、本章では、もうちょっと絞《しぼ》り込《こ》みをかけまして、やや特殊案件《とくしゅあんけん》にも入ってきますが、「呪《のろ》いと憑依《ひょうい》」ということについてのお話をしておきたいと思います。これは、地獄といっても宗教全《しゅうきょうぜん》般《ぱん》にも関係することにもなるかと考えています。

「地獄というのは、死んでからあと、ゆっくり考えればいいことだ」「行ったときにどうするかを考えればいいことだ」と、たいていの方は思っていらっしゃるのではないかと思いますけれども、そうでもないのです。もう生きているうちに始まっているのです。

だから、死んで急に、「天国に行くか、地獄に行くか」というような話が始まるかといえば、そんなことはありません。生きているときのその人の生活、特に霊的《れいてき》な生活、精神《せいしん》面も含《ふく》めた、体のコンディションも含めた考え方として、どんな人生を送っているかを見れば、何年か後、何十年か後について予想はつくということです。

「憑依」という言葉は、宗教のなかでよく使われるので、知っている方がほとんどかとは思いますが、宗教に関係のない、外の側《がわ》の方々には、もしかしたら、「聞いたことがない」とか「一度も知らない」とか言う方もいるかもしれません。あるいは、テレビのアナウンサーとかキャスターとかいうような方でも、「憑依って何ですか」というような感じで言う方もいらっしゃるかもしれません。

ちょっと話は脱線《だっせん》しますけれども、この「憑依」という漢字は難《むずか》しいでしょう。書くだけでも大変《たいへん》で、当用漢字ではたぶんないのだろうと思います。

大学で「政治過程論《せいじかていろん》」というのを一年生で習ったときに、京極純一《きょうごくじゅんいち》という先生が項目《こうもく》の板書をしていくのですけれども、この「憑依」というのを漢字で書いて「ひょうえ」と読んでいました。

一年間、「憑依《ひょうえ》、憑依」と言っていたから、「言うべきかな、言うべきでないかな」などと思っていたのですけれども、もう、「何十年もこれで言い続《つづ》けているなら自分で責任《せきにん》を取れよ」ということで言わなかったのです。もうちょっと、中高のころぐらいなら言ったかもしれません。

大学だと大きいので何百人も聴講生《ちょうこうせい》がいるのですが、ほとんどみんな反応《はんのう》がないから、知らない言葉なのでしょう。だから、「知らない言葉を教えてくれている」という感じで聴《き》いていたのでしょう。

「憑依《ひょうえ》」と言われると、ちょっと、宗教のほうの勉強をしていないのだろうなとは思うのですが、そういうふうに読んでいました。そのまま読めば、そう読めるかもしれません。「依《え》」とも読める言葉ですけれども、憑依《ひょうい》です。「取り憑《つ》く」ということですから、これはオカルトものの映画《えいが》とかドラマ、そういうものを観《み》れば出てくることではあります。

## 相手に取り憑《つ》く感じの「curse《カース》」と地獄に堕《お》とそうとする「spell《スペル》」

本章では、「呪い」と「憑依《ひょうい》」という二つの用語は出てきております。これがどういう関連をするのかということですけれども、人間が生きている間に、いろいろな人々から呪いを受けることがあります。

英語《えいご》で言うと、「curse《カース》」と言う場合もあるし、「spell《スペル》」と言う場合もありますけれども、どんな感じでしょうか。詳《くわ》しいニュアンスは私もよくは分からないのですが、「curse」だったら、〝ちょっと思い浮《う》かぶシーン〟としては、ささいなことでも起きるような感じがします。

昔で言えば、八百屋《やおや》に行ってスイカを買うときに、八百屋のおじさんに、「おじさん、このスイカ、熟《う》れてるか？」と言ったら、「そんなもん、分かるか！そんなの分かったら、苦労《くろう》せんわ」というような感じで言われたりすると、やはり、罵声《ばせい》を浴《あ》びて「何か気分が悪いな」という感じはあったのを覚《おぼ》えていますけれども、このレベルなら、たぶん「curse」でしょう。

ところが、呪いとなってきますと、以前《いぜん》つくった映画（「夢判断《ゆめはんだん》、そして恐怖《きょうふ》体験《たいけん》へ」〔企画《きかく》・大川隆法、二〇一二年公開〕）で、広い茂《しげ》みのなかで、白装束《しろしょうぞく》を着て長い黒髪《くろかみ》の女性が五寸釘《ごすんくぎ》を打っているシーンがあったと思いますが、もうあそこまで来ると、「spell」という感じを私は受けるのです。何か「spell」というのは、もうちょっと「体系的《たいけい》、システマティックに相手を地獄に堕《お》としてやる！」という感じの、そんなような印象《いんしょう》を受けます。

これは合っているかどうかは知りません。英語学者であっても、こんなのはあまり関心はなかろうから、分からないかもしれません。やはり、宗教関係者がどういうふうに使うかということかと思いますけれども、私はそんなふうに感じています。

だから、日常《にちじょう》でいさかいなどが起きて、相手に〝ペッ！〟と言うようなものは、

「呪い」でも「curse」という感じかと思います。

若《わか》いころ、ヘルメスのドラマ（『愛《あい》は風の如《ごと》く』〈全四巻〉）をつくる前にギリシャに行ったことがあるのです。まだ三十代だったと思います。

それで、当時は杉並《すぎなみ》の西荻《にしおぎ》に住んでいましたが、ギリシャから帰ってきて、何か食べなくてはいけないから、ちょっと西荻の寿司《すし》屋に入ったのです。入って寿司を食べていると、「何か日焼《ひや》けしているけど、お客さん、どこか行ってきたのか」と握《にぎ》っている人が言うから、「ちょっとギリシャに旅行してきました」と言ったのです。

そうしたら、「ああ、その若さでギリシャ旅行か。そんなの、もう、ろくな晩《ばん》年《ねん》はないぞ」とかいうような感じでした。「今から、そんなギリシャなんか旅行してるようじゃ、もう、ろくでもない晩年が待ってるぞ」というようなことを言われたのです。

『愛は風の如く 1』
（幸福の科学出版刊）

「そんなこと、客に言わなくてもいいだろうが」と思うけれども、ちょっと面《おも》白《しろ》くないというところでしょうか。そんなことを言われたのを覚えています。もう、これは三十年以上前のことです。三十二、三年前のことだと思うのです。若いのにギリシャ旅行なんかに行ってくるのは、ちょっと生意気《なまいき》と言えば生意気でしょう。きっと向こうの握っている人のほうが年上だったと思うのですが、「ギリシャ旅行なんて行けるもんじゃない」というような感じでした。

ただ、いちおう仕事でヘルメスの連載《れんさい》をやっていたので、ギリシャへ一回行っておく必要《ひつよう》があるから、行って見てきたのです。だから、物語も説《と》けているのですけれども、そんなことを言われたことがあります。

お金を払《はら》って寿司を食べながら、「ろくでもねえぞ、晩年は」というようなことを言われたら、呪いを受けた感じでしょうか。まだこうして言っている以上、これはどこか一部に〝取り憑《つ》いて〟いるかもしれません。

こういうふうに、嫉妬《しっと》とかそういうものも絡《から》んではくるかもしれません。嫉妬やうらやましい気持ちというのは、それほど深くはないかもしれませんけれども、人間の基本《きほん》的な感情《かんじょう》として出る、相手に対するマイナスの反応です。

それで、何か言わざるをえない。言うと、相手にペタッと何かトリモチみたいに取り憑いたような感じがするのが、この「curse《カース》」です。

## 講演会《こうえんかい》前に他教団《たきょうだん》から受けた「呪《のろ》い（spell《スペル》）」

「spell《スペル》」となると、本当に、「あいつだけは絶対許《ぜったいゆる》せん。みんなで呪《のろ》い殺《ころ》してやる」というような感じになります。そうなると、「spell」になってくるような感じでしょうか。

「spell」のほうの経験《けいけん》としては――先ほど、「curse」としては、「ギリシャ旅行をしたというので、『晩年はろくでもないぞ』と言われた」という話をちょっとしましたが、「spell」の経験もないわけではないのです。

### ・立川《たちかわ》の某《ぼう》教団が呪殺《じゅさつ》をしようとしてきたケース

これは、横浜《よこはま》アリーナという、一万人ぐらい入る会場で講演《こうえん》をしていたころのことですので、年代は先ほどの話とそう変《か》わらないと思います。やはり一九九〇年前後ではないかと思いますけれども、一万人ぐらいの会場で、前の日から会場を設営《せつえい》してもらってはいたのです。演台から、通路から、控《ひか》え室からつくっていかなければいけないので、横浜アリーナでよく大工《だいく》仕事をやる業者が入ってつくっていたのです。

そこからの経由で聞いたのですが、当時の秘書《ひしょ》は口も軽かったから、「講演前に、先生にそんなことを耳に入れちゃいけない」とか思うほど深い理解《りかい》もなかったのでしょうけれども、「右から左」でした。

業者が言っていたのは、「この前、立川《たちかわ》にある某教団《ぼうきょうだん》の仕事をやったんだ。そこでは、ちょっと、『大川隆法が次に講演会をやるらしい』ということを聞いて、

『けしからん。みんなで、もう呪い殺してやれ』ということで、何か道場で呪殺《じゅさつ》祈願《きがん》をやっていたらしい」というようなことだったのです。

「そんなことを講演前に言うなよ」という、あまりいい気分ではないことですけれども、「事前に知らせておかなくてはいけない。先生が演壇《えんだん》でコロッと逝《い》ってはいけないから、防衛《ぼうえい》するように言っておこう」と、その当時の秘書が思ったのだろうと思います。

「何？　呪い殺すって？　まあ、やれるものなら、やってみよ」と、こちらもいちおう、秘書の機能《きのう》として事前に言ってくれたから、「狙《ねら》っている」というのなら跳《は》ね返してやるしかないので、「やれるものなら、やってみよ」と思いました。もう、「講演をぶっ潰《つぶ》してやる」と言って祈願をやっている、「潰してやる」と、何か言っているから、こちらも「跳ね返してやる！」と思って、やったものがあるのです。

どれに当たるのか、どの講演か、ちょっと忘《わす》れましたけれども、もしかしたら、

「愛、無限《むげん》」か何か、その近辺《きんぺん》の講演かもしれません。

そうしたら、また追加情報《ついかじょうほう》があとから入ってきました。「これだけ呪ったら、たいていの場合は死ぬんだけど、なんで死なないんだ」というような感じの情報が入ってきたのです。無事《ぶじ》、行事は終えたということで入ってきて、十人か二十人かは知りませんが、「普通《ふつう》はこれだけみんなで『spell』をかけまくったら、たいていはコロッと逝くというか、倒《たお》れたり緊急《きんきゅう》入院したりするんだけど、倒れないのはなんでだ」というような感じのことを言われたことがあります。

こんなのは完全《かんぜん》に「spell」です。呪いでも、もっと悪質《あくしつ》で深いものです。もう悪魔《あくま》が絡《から》んでいる感じがはっきりとします。

・京都の即身成仏系《そくしんじょうぶつけい》の密教《みっきょう》から受けた「呪詛《じゅそ》」のケース

もう一個《こ》やられたことがあるのは、京都においてです。京都のテレビ局に「京都放送」（ＫＢＳ）というテレビ局があると思うのですが、そのなかに講堂《こうどう》のようなところがあるので、数百人ぐらいだったでしょうけれども、セミナーで借《か》りて、やっていたのです。

それで、京都に泊《と》まっていたら、そのときもやられました。先ほど言った立川のほうも密教系《みっきょうけい》（『真如苑《しんにょえん》』）なのですが、もう一つ、京都にも密教系で、教祖《きょうそ》はもう今は亡《な》くなっていますけれども、当会が始めるより十年前ぐらい、一九七〇年代ぐらいにブレイクした宗教があったのです。

教祖の年は、もうちょっと取っていました。長くやっていたけれども、全然《ぜんぜん》ヒットせず、宗教としてブレイクはしないで、奥《おく》さんが歯医者さんの女医だったかもしれませんが、そちらの収入《しゅうにゅう》に頼《たよ》って、ヒモみたいにやりながら何十年かやっていたのです。

ところが、全然広がらなかったのが、『密教占星術《せんせいじゅつ》』とか、急にベストセラーが出たりして、「密教で運勢《うんせい》が変わる」とか、悪い親がいたとすれば、「親子の因縁《いんねん》を断《た》ち切れ」とか、千日回峰《せんにちかいほう》があるように「千座行《せんざぎょう》」というものがあって、

「千日間、親子の因縁を切る座法《ざほう》をやったら、親子の因縁が切れて運勢がよくなる」とか、そんなことをやっていました。

あるいは、もうちょっと流行《はや》らせた言葉では、「チャンネルをまわせ」とか、何かそんなようなことを言っていたと思うのです。「もうチャンネルをまわしさえすれば、違《ちが》うところに波長《はちょう》が合って人生が変わる」というようなことで簡単《かんたん》にしていて、やはり、いちおう即身成仏《そくしんじょうぶつ》系でしょう。即身成仏系で、「心のチャンネルを変えさえすれば、一気に超人《ちょうじん》になれるんだ」という感じのことを教えているような宗教として流行っていて、ちょっとしたブームにはなっていました。

後ろには、広告《こうこく》代理店か何かの人が信者《しんじゃ》で入っていたらしくて、広告を上手にやっていたようには思うのですけれども、そこにもちょっと恨《うら》みは買っていたようで、そこでも呪詛《じゅそ》をかけられました。私が京都へ来るというので呪詛をかけられてはいたのですけれども、ただ、何事もなく終わってしまったのです。なぜかは知りませんがそのあとの言葉まで耳に入ってくるから不思議《ふしぎ》なものですけれども、「なんで死なねえんだ！　俺《おれ》が呪詛したら死ぬはずだのに」と、やはり、そこにも言われました。（『桐山密教《きりやまみっきょう》』あるいは『阿含宗《あごんしゅう》』）

密教というのは、悪いほうはこういうのが多いのです。ブードゥー教にちょっと似《に》ていて、「相手を呪い殺す」「呪殺する」とか、こういう能力があるようです。

まあ、相手を「悪魔だ」と思い込めば、やれることなのかもしれません。

そちらのほうも、何かをやっているうちに〝跳ね返った〟というか、〝引っ繰《く》り返った〟という説《せつ》も聞こえてきたのです。

## 「マイナスの心」の波動《はどう》を出し続《つづ》けると地獄界《じごくかい》と同通する

そういうふうに、呪いがあっても、呪いを受けている相手のほうが、要するに本当に悪質で、世の中を悪くしようとしてやっているような場合には、跳ね返らずに、効果《こうか》があって倒れてしまうようなこともあるのですけれども、相手のほうが真面目《まじめ》に努力《どりょく》して修行《しゅぎょう》を積《つ》んでいるような場合は〝逆《ぎゃく》〟になって、跳ね返っていくことがあるわけです。「鏡《かがみ》の法」というように言われることがありますけれども、根本《こんぽん》はこれなのです。

長く生きていると、いろんな人の恨みを買ったり、嫉妬を買ったり、こちらがそう意図していないような、ふとした言葉で相手を傷《きず》つけたりするようなことはよくあります。そういうときに、まんまと罠《わな》にはまってしまってはいけないので、自分を護《まも》る意味でも、それを常《つね》に跳ね返せるような状態《じょうたい》をつくっておくことは大事なことです。

怒《いか》りに対して怒りでもって返して、両方、応酬《おうしゅう》していると、やはりどんどん悪くなっていくのです。

家庭内の暴力《ぼうりょく》とか喧嘩《けんか》とかでもよくあることですけれども、相手を罵《ののし》ると、向こうも罵り返してくる。そうすると、さらに増幅《ぞうふく》されて、もっとやる。もっと返してくる。そのうち、手が出てきて、足が出てくる。手が出て足が出て、殴《なぐ》ったり蹴《け》ったりするようなことが始まったら、片方《かたほう》は包丁《ほうちょう》を持ってくるとか、包丁を持って向かってきたら、次は「鍋《なべ》が飛《と》ぶ」「フライパンが飛ぶ」とかいうところまで行くというのはあります。これは、私も実際《じっさい》に聞いたことがある話なのですけれども、だんだんエスカレートしていくようです。

やはり、「毒《どく》を食《く》らわない」ということも、とても大事なことです。

ですから、生きている人間同士《どうし》で恨んだり、それから呪ったり、強く怒ったりするようなことがあって、自分も心が不調和になるけれども、相手も不調和になるという状態ができることがあります。

だいたいこういうことがきっかけで、そのような状態が常時起きてくるようになってきますと、要するに、マイナスの心の波動《はどう》が続《つづ》いていくようになってきますと、地獄界《じごくかい》のなかで、そういう方々が集まっている世界があるわけですが、そことだんだん同通してき始めるわけです。

あるいは、地獄界でというよりも、まだ地獄界に行けもしないで、この世を徘《はい》徊《かい》していて、「似たような人がいないかどうか」と思って探《さが》しているようなこともあります。

波長同通《はちょうどうつう》の法則《ほうそく》で、生きている人間の心が、その地獄界、あるいは地上を徘徊しているそうした悪霊《あくれい》や悪霊《あくりょう》と同通するような思いを出すと、磁石《じしゃく》に引き寄《よ》せられるようにピタッと吸《す》い寄せられてくるわけです。

一時的な感情だったら、それがまた収《おさ》まってくれれば、だんだん憑いていられなくなってくるのです。湖面が、石を投げて最初《さいしょ》に波紋《はもん》ができても、しばらくしたら穏《おだ》やかになって消えていくように、跳ね返せるようになるのです。けれども、連続《れんぞく》して石を投げ続けたら、いつも〝ジャボジャボ、ジャボジャボ〟しているような状態になります。心もそういう状態になることがあるのです。

そうした一定の悪い波動といいますか、波立つような波動を出し続けていますと、自分では「それは、宗教的にはどういうふうに分類《ぶんるい》される波動か」ということを知らなくても、だんだん〝似たもの〟と同通してくるのです。それこそ、先ほど言った「チャンネルをまわす」ではないけれども、チャンネルを合わせて、

〝同じものが来る〟ということです。

## 2 地獄界《じごくかい》と通じる代表的な「心の三毒《さんどく》」――貪《とん》・瞋《じん》・癡《ち》

### 「貪」――日本昔ばなしの「欲深《よくぶか》じいさん、ばあさん」の結末《けつまつ》が教える、欲への戒《いまし》め

マイナスの心について述べましたが、たいていの場合は、よく教えで言っていますように、いちばん代表的なものは「心の三毒《さんどく》」です。「貪《とん》・瞋《じん》・癡《ち》」というこの三つが、代表的な心の毒です。

「貪」は、欲望《よくぼう》が深いというか欲深いということです。「日本昔ばなし」で言う「欲深じいさん、ばあさん」のような感じの人たちです。欲が深いということは、報《むく》いを受けるということになるわけです。

例《たと》えば、「花咲《はなさ》かじいさん」という「家で飼《か》っている犬が裏庭《うらにわ》でワンワンと吠《ほ》えるから、そこを掘《ほ》ってみたら金銀財宝《ざいほう》が出てきた」というような話があります。

そして、「欲深じいさん、ばあさん」が隣《となり》に住んでいて、「ちょっと犬を貸《か》してくれ」と言って無理《むり》やり引っ張《ぱ》っていき、「こら、ワンと鳴け」というような感じでやらせるわけですけれども、あんまり言われるから、とうとう犬もワンワンと鳴いてしまいました。

しかし、犬が鳴いた所を掘ってみたら、今度は金銀財宝ではなくて、もうとんでもないガラクタから化《ば》け物のようなものがいっぱい飛《と》び出してくるというようなことで、欲張りじいさんは、もう腹《はら》が立って、せっかく借《か》りてきた犬なのに殺《ころ》してしまったのです。

そんなようなことがあって、もとの主人のほうが、大切に飼っていた犬をお墓《はか》をつくって埋《う》めていたら、今度は、そこから木が生《は》えてきたりするのです。

それから、その木を切って灰《はい》にして、その灰を撒《ま》くと、次々と桜の花が咲くという奇跡《きせき》が起きてきました。

それを行きずりの殿様《とのさま》の一行が聞きつけて、「花咲かじいさんに褒美《ほうび》を取らそう」ということをやったので、欲張りじいさんのほうもまねをしようとして、「私も花ぐらい咲かせられる」と言ってやったら、花が咲かなくて、今度は処罰《しょばつ》を受けました。そういうような話があったと思うのです。

こういうふうに、「欲が深い」ということは、昔の人が考えても、「この世的に何らかの罰を受ける」というか、「因果応報《いんがおうほう》で、何らかの天罰が下りなければおかしい」という感じは、昔から持っているわけです。

だから、悪徳《あくとく》なのです。そういう「欲深い」ということが悪徳であって、諸悪《しょあく》の始まりと思われているところがあるのです。

だいたい、そうでしょう。人間、自分の分相応《ぶんそうおう》に生きていれば、別《べつ》に文句《もんく》はないのだけれども、分を超《こ》えてしまうわけです。

今、「奇跡が臨《のぞ》んだ隣のじいさん、ばあさんの話」をしましたが、宝《たから》くじでもいいでしょう。「隣は、宝くじで一等が当たった」というようなことでも、それだけでも心が乱《みだ》れるものです。「自分のところは、なんで当たらないんだ」というようなことで、何か八《や》つ当たりしたくなるところがあるでしょう。

こうした「貪」が、いろいろなかたちで姿《すがた》を変《か》えて出てきます。

## 名門校の卒業生《そつぎょうせい》や名門大学志望者《しぼうしゃ》に見る「欲《よく》」と「悪」への衝動《しょうどう》

「ほかの人が勉強して、いい成績《せいせき》を取る」というだけでも、やはりメラメラと燃《も》えてくるようなところはあるでしょう。

例えば、開成《かいせい》高校のようなところだったら、昔、新聞にときどき載《の》っていましたが、名物の運動会があるときにはよく、その準備《じゅんび》をする体操《たいそう》の小屋のような所から火事あるいはボヤが出るなどというので、消防車《しょうぼうしゃ》が駆《か》けつけるようなことがあるのです。

それで、調べてみると、たいてい卒業生《そつぎょうせい》ということで、「開成に入れば、みんな道が開けて前途洋々《ぜんとようよう》」と言われて入ったのに、そうはならなかった卒業生などが、みんなが楽しそうに運動会をやっているのを見て、「火をつけて騒《さわ》ぎを起こしてやろう」とかいうようなことをやったというのが、昔読んだものではあったと思います。

ほかの話も聞いたことがあります。

今はもう子供《こども》の人数が減《へ》っているので、予備校事情《じじょう》などもだいぶ変わっているかもしれないから、一緒《いっしょ》かどうかはちょっと知らないのですけれども、昔は学校が新設《しんせつ》されてもまだまだ定員では収容《しゅうよう》し切れなくて、半分ぐらいは浪人《ろうにん》しないといけないという状態《じょうたい》が続《つづ》いていたのです。そういうときには予備校とかも流行《はや》っていました。

予備校のなかでも特《とく》に進学実績のいい駿台《すんだい》予備校などがありますけれども、そのなかでも、優秀《ゆうしゅう》な人が「午前部」というところに行っていたのです。午前部の文科系《けい》とか理科系とかがあるわけですけれども、ここに通っている人の半分ぐらいは東大に受かります。

だから、「誰《だれ》か爆弾《ばくだん》を持って、そのなかに投げ込《こ》んだら、東大に行く人が二百人か三百人か死ぬ。そうしたら、その部分に隙《すき》ができて枠《わく》が空《あ》くから、入りやすくなるのではないか」ということで、「爆弾を投げ込みたくなる衝動《しょうどう》を感じる」ということを言っているような人もいましたけれども、こういうことについても、ちょっと欲《よく》の問題はあるかなと思います。

「欲」だけではなくて、このあとの「怒《いか》り」とか「愚《おろ》かさ」も重なってはいるかもしれません。

## 「瞋《じん》」――競争《きょうそう》に勝てず怒《いか》りが湧《わ》いたときにどうすべきか

それから、「瞋《じん》」のところは「怒《いか》り」ですけれども、これは、普通《ふつう》の人間にもありますが、動物でもあります。動物でも、自分を狙《ねら》って襲《おそ》いかかってくると、対抗《たいこう》して頑張《がんば》ります。

犬と猫《ねこ》が喧嘩《けんか》しているところなども、すごいのです。犬が吠えつくと、猫が体を丸めて、背中《せなか》を立てて、毛を立てて、尻尾《しっぽ》を立てて、「ホオーッ！」という感じになります。猫の場合は、どうしても体的には犬に負けるから、「必殺《ひっさつ》の一《いち》撃《げき》」を狙っているわけです。猫は、緊張《きんちょう》して、「犬がかかってきたときに鼻を引っ掻《か》く」という、その必殺の一撃を狙っているわけです。犬も分かっているから、「向こうの隙を見ないとかかれない」というようなところがあるので、ちょっと剣道《けんどう》の試合《しあい》のような状態の緊張感があります。「敵《かな》わない」と思ったら、どちらかが急に逃《に》げ出すということもあるとは思います。

これは、人間界でもあることで、競争《きょうそう》があるところには優劣《ゆうれつ》が出るし、「人を駄目《だめ》にしたい」とか「自分だけ勝ちたい」とか「蹴落《けお》としたい」とかいう気持ちが起きてきますので、この「瞋の心」というのは、なかなか、宗教的《しゅうきょう》真理を知っていなければ止まらないで、普通に出てくるものです。

例えば、女優のオーディションのようなものをやっても、きれいな人とかがいっぱい来るわけですが、「もう、こんなに来られたら、なかなか受からないじゃないか」と腹が立つわけです。

本当に有名な女優さんで、アカデミー賞《しょう》を取ったような方でも、「オーディションを受けたら、自分ぐらいかわいい人なんか百人もいる」ということで、「もうこんなのは、百回受けて、百回落ちた」などという方もいました。

例《れい》の「アメイジング・スパイダーマン」の相手役、グウェンの役を演《や》った方なども、そうです（エマ・ストーン）。あんなアカデミー賞を取るような方でも、最初《さいしょ》のころは、オーディションを百回受けて、百回落ちたというのですから、「同じぐらいかわいいか、きれいな人というのは、百人ぐらいはすぐに揃《そろ》う」ということです。ですから、それはけっこう難《むずか》しいことでしょう。

こういうときに、単《たん》に相手を妬《ねた》んだり、恨《うら》んだり、怒《おこ》ったりするだけではなくて、心の平静《へいせい》を保《たも》ちながら、自分を磨《みが》き、鍛《きた》えることは大事なことなのですけれども、なかなかそうはいかないところはあります。

世の中、そんなにすべて自分中心に、自分がうまくいくようにだけ回るようにはなっていないのです。ほかの人もまた、それぞれの自己実現《じこじつげん》を目指しているし、成功《せいこう》を目指しているし、幸福を目指していますから、なかなか、「くじを引けば何等が当たるのが自分にふさわしいか」は分からないけれども、その「ふさわしいあたり」が何なのかは、人生をやっていかないと分からないところがあるわけです。

努力《どりょく》しているのに報われない場合もあります。そういう期間もありますが、試《ため》されている期間だと思わなければいけません。努力しているのに報われない場合、本人が諦《あきら》めていくかどうかです。

倍率《ばいりつ》では、その競争は何十倍とか百倍、あるいは何千倍もある場合もあり、諦めてくれるならば競争が減っていくわけです。血の雨が降《ふ》らずに競争が終わるわけなので、それはありがたいことです。

だから、その試練の間に諦めていく人は諦めていくので、減っていくのを待っているし、それでもやり続けている人の場合、どこかで、いちばん結果《けっか》を手に入れるのに近いチャンスが回ってくることもあります。そういうときに、ちゃんとチャンスをつかめるかどうかということが試されているのではないかというふうに思います。

人生は厳《きび》しいですけれども、他の人への恨みつらみを思っても、そんなによくなるものではないので、自分としてやれることを淡々《たんたん》とやり続けながら、チャンスが巡《めぐ》ってくるのを待つことです。

## チャンスが来ない場合、「別《べつ》の道」が開いてくることも天意

ただ、チャンスが巡ってこない場合もあります。その場合は天意ですから、しかたがないのです。「ほかの職業《しょくぎょう》に就《つ》け」ということかもしれません。「ほかの道がある」ということを、天意として示《しめ》しているのかもしれないのです。

たまたまオーディションに受かって、それで女優になっても、不評《ふひょう》で、一作で

業界から消される場合もありますから、分からないものです。

それから、私も行っている時計屋さんも、早稲田《わせだ》の法学部《ほうがく》を出て、卒業してから司法試験《しほうしけん》をずっと受け続けている間に、百貨店《ひゃっか》のアルバイトで時計の行商のようなことをちょっとやっていたそうです。そうしたら、普通の学生アルバイトに比《くら》べて、司法試験浪人で年を取っていて〝いい年齢《ねんれい》〟なので、かえって信用《しんよう》が増《ま》してしまい、そして、ほかの学生がやるのに比べれば、やはり売上がいいというわけです。「売上がいい」ということで、やっているうちに、とうとうそれが本職になってしまって、時計屋になってしまったのです。時計店を開いて、今、何十年も時計屋をやっています。

「司法試験を受けていたのが、いつの間にか時計屋になっている」というのは、これは全然《ぜんぜん》予想していない人生ですが、デパートのアルバイトをして、「時計を売らせてみたら、この人が売ると、ほかの人よりよく売れる」などというのは、本人だって分からないことでしょう。

だから、司法試験のために判例《はんれい》と条文《じょうぶん》の暗記をして、本を読んで、毎年毎年、受け続けていたのに、行商してみて、「徳島まで行商した。徳島の丸新《まるしん》デパートまで時計を卸《おろ》しに行ってきた」と言っていましたけれども、毎年やっていたら、ほかの人より年齢を食っている分だけ、人生経験《けいけん》があると言うべきか、信用があると言うべきか、アルバイトと思わずに、ちゃんとした、時計屋の主任《しゅにん》か何かに見えてくるということでしょう。

そうしたら、何か変《へん》なところで才能《さいのう》が出てきて、変なところで業務知識《ぎょうむちしき》を覚《おぼ》えてしまって、いろいろな、あらゆるブランドの時計の説明書《せつめいしょ》を読んで売っているうちに、だんだん頭に入ってしまって、だんだん自分で時計を売り始めて、輸入《ゆにゅう》して売り始めて、店を立てて、というようなことがあるのです。

こんなことがあるので、あまり人生というのを追い込んで、「もう、これしかない」などと思わないほうがいいわけです。

時計店をやって、それで成功してうまくいくような人だったら、裁判官《さいばんかん》とか検《けん》事《じ》とかはあまり向いていないでしょう。

弁護士《べんごし》は一部、口がうまいほうがうまくいく場合もあるけれども、弁護士も営《えい》業《ぎょう》ではないのです。商売として弁護士をやるとなったら、もう「三百代言《さんびゃくだいげん》」という言葉が明治《めいじ》時代からありますけれども、嘘八百《うそはっぴゃく》を言ってでも勝訴《しょうそ》するという感じのこともあるかもしれません。ドラマの「リーガル・ハイ」の百戦百勝《ひゃくせんひゃくしょう》の古美《こみ》門《かど》弁護士のようなこともあることはあるけれども、あまり商売上手な人がやりすぎるのも、少し信用を失《うしな》うところもあるので、もうちょっと冷静《れいせい》にやらなくてはいけない面もあるでしょう。

だから、「自分にどんな適性《てきせい》があるか」というようなことは分からないものなのです。でも、真面目《まじめ》に人生を生きていたら、どこかで道は開いてくるものです。

若《わか》いころ、「一つの人生というのは、一つのドアが閉《と》じたら、また別《べつ》のドアが開《ひら》くものだ」というような言葉を、私も読んだことがありますけれども、つくづく、「そういうものだなあ」というようなことを思います。

今になって振《ふ》り返ってみると、自分も、いろいろな勉強をしたり、いろいろな仕事もやってみたりしたのです。今、トータルで見れば、「宗教家」ということが中心になると思うのだけれども、「いろいろなタイプの人を知っている」というか、「会っている」「話をしたことがある」「いろいろな地域《ちいき》に行ったことがある」「外国の人も知っている」、勉強も「いろいろなことを勉強した」というようなことが、やはりバックボーンにはなります。

メインの仕事としては、こんな「呪《のろ》いと憑依《ひょうい》」などと言って、一般《いっぱん》の講演会《こうえんかい》でやったら、普通の人は来ません。宗教好《ず》きな方は来られるのですけれども、一般の人はこういうものには来ないとは思います。大学でやっても、これだったら宗教学科ぐらいの学生しか受講してくれないので、大学で授業《じゅぎょう》をやったら、数人ぐらいしか来ないかもしれないテーマです。そういうことがあります。

## 「癡《ち》」――「仏法真理《ぶっぽうしんり》を知らないこと」が愚《おろ》かさを招《まね》く

「貪」の貪欲《とんよく》、それから「瞋」の怒りの心。「癡《ち》」というのは愚《おろ》かさですけれども、これは、もともとは「仏法真理《ぶっぽうしんり》を知らないこと」ということになるのです。

この世の中は、仏法真理を知らない方の山のようなもので、この世的にはステータスがあったり、社会的信用があったり、高学歴《こうがくれき》であったり、物知りであったりするような方が、宗教的な真理だけはまったく知らないというようなことがあるのです。もう、残念《ざんねん》です。

例えば、お医者さんも人を救《すく》う菩薩行《ぼさつぎょう》だし、看護師《かんごし》さんも「白衣《びゃくい》の天使」といわれるような仕事であるわけで、本人が良心《りょうしん》的にいい仕事をしていれば、そういうふうなところに還《かえ》っていく可能《かのう》性はあるとは思うのだけれども、医者だって看護師だって、いろいろな方がいらっしゃるから、あまり適切でない治療《ちりょう》をしたり看護をしたりする方もいるし、繰《く》り返し医療ミスをするような方もいるでしょう。

だから、こういうことには良心の呵責《かしゃく》が出てくる場合もあるし、ある意味、違《い》法《ほう》スレスレのことをやることもあるかもしれません。

ですから、職業だけで決まるわけではなくて、その職業をやっているなかで、「どういうふうな気持ちで生きているか。どういうふうな実績を遺《のこ》したか」というようなことが大事なのです。

「宗教的真理を知らない」というようなことが医学にもありますが、それは宗教学とか仏教学にまで及《およ》んでいるわけで、仏陀《ぶっだ》の教え、仏教を教えながらも、「霊魂《れいこん》はない」とか「神仏なんか存在《そんざい》していない」と思っているのです。

「仏《ほとけ》は、昔はいたのかもしれないけど、今は木彫《きぼ》りのただの仏像《ぶつぞう》じゃないか」とか、あるいは、「青銅《せいどう》でつくった、がらんどうの仏像が座《すわ》っているだけだ。鎌《かま》倉《くら》に行っても奈良《なら》へ行ってもそうだけれども、なかはがらんどうで、観光《かんこう》でなかを覗《のぞ》くこともできる。そのなかはがらんどうだから、魂《たましい》は宿っていないじゃないか」「そんな、観光で見に行けるような所で、修学旅行生《しゅうがくりょこうせい》とか、人がなかに入って、階段《かいだん》を上《のぼ》って見たりしているようなものに祈願《きがん》して何が効《き》くのか」と思うところがあります。

だから、仏といっても、そうした青銅でつくった仏とか、あるいは木彫りの仏とか、寄《よ》せ木づくりの仏とか、こういうものを仏だと思っているレベルの人もいるわけです。文化的には、そんなものだと思っているのです。

仏陀というのも、「縄文式時代《じょうもんしきじだい》の人で、今から見れば〝原始人〟だから、そんな立派《りっぱ》な教えを説《と》いているわけがない」ということで、「現代的に解釈《かいしゃく》すれば、実につまらんことを言っているようなものだ」と思っているような人が研究者のなかにもいるわけです。

・儒教《じゅきょう》の教えの格調《かくちょう》高い「響《ひび》き」を取り、
　身も蓋《ふた》もないものへと訳《やく》す愚かさ

あるいは、儒教《じゅきょう》を研究してもそうです。孔子《こうし》が偉《えら》い人か偉い人でないか分からないけれども、『論語《ろんご》』だって、訳《やく》し方によっては、〝格調高《かくちょう》く〟訳せば、それなりの響《ひび》きはあります。けれども、簡単《かんたん》な分かりやすい現代語に訳してしまったら、本当に身も蓋《ふた》もないところはいくらでもあります。

「朋《とも》あり遠方より来《きた》る、また楽しからずや」などとありますけれども、「友達《ともだち》が遠くからやって来たよ。一緒に遊べると楽しいな」と訳されたら、やはり、ちょっと〝身も蓋《ふた》もない〟というか、〝バカかという感じ〟がしないわけではないのです。「普段は会えない、遠隔地《えんかくち》にいる友達が遊びに来たよ。楽しいな」となると、「何が、これがありがたいんだ」というようなことがあります。

「死後の世界はありますか」と孔子が問われました。そうしたら、「未《いま》だ生を知らず、焉《いず》くんぞ死を知らんや」というようなことを言ったのです。これは、「まだ、この世を生きる人生というものの、その意味が分からないのに、どうして死後のことが分かろうか」というような言葉です。

これを格調高く言われて、その神韻渺渺《しんいんびょうびょう》たる響きを感じ取って想像すると、ある種《しゅ》の教えにはなるのです。

生きている人に対しては、「死後のことを考えているより、まず今の人生を正しなさい」「まず今の生き方をきっちりとやりなさい」「それがあってからの死後なんですよ」ということです。

「死後のことを考えても、今が駄目なら、駄目ですよ。どうせ、いくら死後のことを考えたって、今が駄目なら、どうにもならないじゃないですか」「今に全力を尽《つ》くせ。今が最善《さいぜん》の生き方をしなさい。死後の話は、そのあとからついてくるだろう」と、そういうふうに取れば、善意な取り方です。

## ・仏陀《ぶっだ》の教えの一部を取って極端《きょくたん》な解釈《かいしゃく》で間違《まちが》う「天台宗《てんだいしゅう》」と「浄土真宗《じょうどしんしゅう》」

また、「さんざん悪いことをしてきましたけれども、死んでからあとだけ、うまいこと成仏《じょうぶつ》できるように、何かやってもらえませんか」というようなことを、密教《みっきょう》的なものとかだったら、「瞬間《しゅんかん》的にパッと、三分間でラーメンができるようにやれないか」というのはあるわけです。

私もそんなに批判《ひはん》がしたくてしているわけではないのですけれども、比叡山《ひえいざん》系の天台宗《てんだいしゅう》などからはちょっと恨まれているだろうと思うのです。

天台宗には教えのなかに、簡単に、仏陀《ぶっだ》の教えの一部を取って、「人間に仏性《ぶっしょう》がある」「みんな仏子《ぶっし》だ」「仏の子だ」ということで、「だから、みんな〝仏さん〟なんだ」というような教えがあるわけです。

そうすると、比叡山に登って各宗派《かくしゅうは》の人が修行《しゅぎょう》しているのですけれども、「もともと悟《さと》っていて、もともと仏の子で、仏の性質《せいしつ》を持っているのに、なんで修行が要《い》るのだろう?」と、みんな思うのです。これに、けっこう答えられないでいるわけです。比叡山で何年か、あるいは十年、二十年修行しても、分からないまま下山する人がいっぱいいるわけです。

これは現代でもそうであり、幸福の科学が始まってから、当会の本を読んで、

「やっと分かった！」というような人がいます。一九九〇年代ぐらいだと思いますけれども、比叡山の天台宗の〝大僧正《だいそうじょう》〟が、二人同時に、正会員というか、今の三帰《さんき》信者になってきたこともあります。

そのうちの一人は「千日回峰行《せんにちかいほうぎょう》」を達成《たっせい》した方です。戦後、三人ぐらいしかいなかったのではないかと思うのですけれども、何十キロも千日間歩いて修行するものです。

それをやった方ですが、「いやあ、本当に回峰行をしたら仏になれるかどうかなんて、自分でも分からなかったので、幸福の科学の本を読んで初《はじ》めて、『ああ、悟りというのは、ちょっと違《ちが》うものなのだ』ということが分かった」というようなことで当会に入ったという話です。

そういう別の宗派に属《ぞく》していて、そこから見れば、ちょっと敵対的《てきたいてき》に見える言葉も私は言っているのだけれども、純粋《じゅんすい》に信仰《しんこう》を求《もと》めている人ならば、「なるほど。そういうことか」と思って理解《りかい》してくれる方もいるわけです。

あるいは、浄土真宗的《じょうどしんしゅう》に言えば、「もう、どんな悪人でも阿弥陀様《あみだ》が救ってくださる」という教えは、使い方によっては善にも悪にも働《はたら》くことがあるわけです。

善に働けば、「さんざん悪いことをして生きてきたので、もう自分には救われる余地《よち》はないのでしょうか」と言うような方もいるとは思うのですけれども、「いやいや、それだけの人生を生きても、まだ、生きているかぎりチャンスはある。これから心を入れ替《か》えて修行して、世のために尽くせば、あなたにだって、まだ悟りの道はあるのだ」というような言い方をすることもできます。

そんなのではなくて、「いや、どんな悪人だって救ってくださるとお経《きょう》に書いてあるのだから」、あるいは「十回称《とな》えたら救われる」という説もあったけれども、「一回称えただけで、もう阿弥陀様が救ってくださる」という教えもあるし、いや、もっと進めて、「発心《ほっしん》を起こした段階、阿弥陀さんの念仏《ねんぶつ》を称えようと思った段階で、もう救われたんだ」という教えもあり、そこまで行くと〝超《ちょう》インスタントラーメン〟です。

「お湯を注いで蓋をすれば、三分間でインスタントラーメンが出来上がる。三分間待つのだよ」ということになっているのだけれども、「いや、三分も待たなくてもいいんだ。一分でも出来上がるんだ。いや、お湯を入れようと思った瞬間に、結果的には、もうインスタントラーメンは出来上がることになっているわけで、もうそれで定まってしまっているわけだから、お湯を入れようと思った段階で、あるいは、やかんに水を入れて、コンロに火をつけた段階で、もうラーメンはすでに仕上がっていたのだ」というようなところまで、どんどん進んでいくわけです。

そうすると、流れとしてはそうなのかもしれないけれども、やはり、どこか、ちょっと行きすぎのところがあります。

これで言えば、例えば、包丁《ほうちょう》で人を刺《さ》して、懲役《ちょうえき》十年なら十年の刑《けい》が下りたとします。これから刑務所に入って、その罪《つみ》を清算《せいさん》しなくてはいけないということになるときに、「刑務所に十年、これから入るということは、もう出たということと一緒なのだ。十年後にはもう出られるのだから、入るということは、あなたはもう釈放《しゃくほう》されたと一緒なのだ」というような教えにちょっと近いのです。死刑にまで行っていないなら、いずれ釈放はされるのだろうけれども、「ちょっと待てよ」というところは、やはりあることはあるわけです。

実際《じっさい》には、十年の刑でも十年はいない人のほうが多いのですけれども、そのなかでの反省《はんせい》の態度とか、作業での態度とか、人格の変化とか、本を読んだり礼儀《れいぎ》正しくなったりするようなところを見て、〝刑期〟がちょっと縮小《しゅくしょう》されることのほうが多いのです。

そういうものを総合《そうごう》的に見られているわけですけれども、やはり、「原因」と「結果」の間に「過程《かてい》」があるのです。原因・結果の間に何かの「条件《じょうけん》」が加《くわ》わってくるわけです。

「懲役十年」と判定されたにもかかわらず、なかでよく改心《かいしん》して、それこそ親《しん》鸞《らん》の本でも読んで、ほかの人にも「和顔愛語《わげんあいご》」で接《せっ》して、二年短縮して八年で出られることになったとき、「ああ、これは阿弥陀さんのおかげだ。ありがとうございます」という気持ちを持っているなら、この人はかなり更生《こうせい》してきているということにはなるでしょう。

ただ、十年の刑を受けて、「うーん、あれは、相手が悪人だから殺してやったんだ。だから、当然のことなんだ。天に代わって殺してやっただけであって、警察《けいさつ》がのろのろしているから、あんな悪人がはびこったんだ。これからあいつはもっと悪事、犯罪《はんざい》を犯《おか》せたのに、俺《おれ》が殺してやったことで、それができなくなったんだ。私はいいことをやったんだ。だから、天誅《てんちゅう》を下しただけだ。あるいは人誅を下しただけだ」というようなことで開き直っていたら、それは改心したことにはならないでしょう。

こういう人の場合は、十年の刑期を終えて出所《しゅっしょ》しても、何カ月かしたら、また戻《もど》ってくるようなことが起きます。改心ができていないからです。

## 真理に対して無知《むち》である学者など、この世的に悪人ではなくても地獄《じごく》に堕《お》ちる

こういうことで、「宗教的にどういう意味があるのか」というところを間違えるということは、けっこう大きなことであるので、「この世的に見れば、犯罪に何の関係《かんけい》もない。民事的《みんじ》にも、他人《ひと》から不法行為《こうい》だとか損害賠償《そんがいばいしょう》だとか言われて、お金を請求《せいきゅう》されないといけないようなことも何もしていない。学者として研究して本を書いたとか、ときどきは授業をやったり講演したりもしたけど、本人は真面目に研究したつもりである」ということで、この世的には悪人の定義《ていぎ》には入らないのに、地獄《じごく》に堕《お》ちている人は、やはりいることはいるわけです。

それは、その人が「真理だ」と思ったことが圧倒《あっとう》的な間違いであった場合です。「間違いであったことを本に書き、人に伝《つた》えて広めた」ということは、普通の正しい宗教の伝道《でんどう》活動の逆《ぎゃく》に当たることです。

仏教を緻密《ちみつ》に研究し、古い古いお経を〝掘って掘って〟して、それを復元《ふくげん》して、サンスクリット語を訳したところ、「釈尊《しゃくそん》は無霊魂説を説いている。釈尊のアナートマン、無我《むが》説というのは無霊魂説ということだ。そういう釈尊以前《いぜん》のインドの宗教では、『アートマン（我《が》）がある。要するに、人間には魂があって、死ぬときに魂が出ていくのだ』という教えがあり、これを引っ繰り返した革命《かくめい》的な思想家が釈尊であって、釈尊は『霊魂なんかないんだ』というようなことを言ったのだ」と考えた人もいます。

そういうことで、「霊魂はないので、人生はこの世限《かぎ》り。だから、諸行無常《しょぎょうむじょう》で、諸法無我《しょほうむが》で、死んだらもう土に還るだけ。それで、涅槃寂静《ねはんじゃくじょう》、死んだら魂もフッと消える。ロウソクの炎《ほのお》を吹《ふ》き消したようにフッと消える。これで、諸行無常、諸法無我、涅槃寂静、もう全部、解説《かいせつ》を終わった。これこそ真理」と考えるのです。

でも、こんなものは、研究して出さなければいけないような結論ではなくて、普通の人が何も教わっていなかったらそう思うようなことです。

少なくとも、今の文科省《しょう》の検定教科書で勉強しているぐらいだったら、普通の人は、それ以上の知識がないから、「ああ、人は死んだら終わりでしょうね」と思う人のほうが多いでしょう。そのような教科書になっています。

「死んでもあの世はある」と思っているというのは、これは、昔の、もう縄文式時代とか弥生式《やよいしき》時代の人の場合です。「甕《かめ》のなかに納《おさ》めたとか、足を折《お》って胎児《たいじ》みたいな格好《かっこう》でお腹《なか》に重い石を載せて埋葬《まいそう》していた」というので、「これは、生き返られたら困《こま》ると思ってやったのだろう」とか「昔の人には霊魂信仰みたいなものがある」というようなことが、古代についての記述《きじゅつ》で多少ある場合もあります。

けれども、実際上、そういう、「魂がある」というようなことは、「社会」でも「理科」でも学ぶことはありません。

映画《えいが》で、エンタメとしてのホラーで、そういう幽霊《ゆうれい》が出てきたり悪魔《あくま》が出てきたりすることはあっても、それを科学的真理とは、学問的には現時点では認《みと》められていません。まことに残念なことではありますけれども、そういうことです。

アメリカでは、トランプ前大統領《だいとうりょう》の最後のほうとか、あるいはバイデン大統領のときもそうですけれども、何かは分からないけれども「未確認飛行物体《みかくにんひこう》」というものがあるということは発表しています。

トランプ氏《し》のときに、NASA《ナサ》が捉《とら》えているというか、空軍《くうぐん》が捉えた情報について、これは地球外で、地球のものとは思えないと思うものを三つ出していますし、バイデン氏のときには百四十三個《こ》ぐらい出しています。それが何であるかまでは確定はできず、UFOとか、ちょっと別な言い方もありますけれども、何かそういう分からないものがあるということは認めているし、ほかの国でもたくさんそういうものはあります。

ところが、日本政府《せいふ》になると、いまだ「UFO情報については一件もございません」というのが公式答弁です。「公式には一件もUFO情報はない」というわけです。

それは、「ワイドショー」とか、夜の、そういう「怪奇《かいき》特集」とか「びっくり特集」のようなものでは出るし、そういうものが好きなUFOオタク等は写真を載せたり見せたりするけれども、要するに、正式には「一件もございません」という解釈ですので、自衛隊機《じえいたいき》が遭遇《そうぐう》しても、JAL《ジャル》やANA《アナ》のパイロットが遭遇しても、それは「精神《せいしん》に異常《いじょう》を来《きた》した」ということになりかねないので、それについては正式な報告《ほうこく》としては上がらないということになってきているわけです。

そういう、「真理に対して無知」ということはいくらでもあるでしょう。

# 3　呪《のろ》いや憑依《ひょうい》につながる間違《まちが》った心――慢《まん》・疑《ぎ》・悪見《あくけん》

## 「慢」や「疑」の心はなぜ問題なのか

これ以外《いがい》に「慢《まん》・疑《ぎ》・悪見《あくけん》」もあります。

慢心して天狗《てんぐ》になっていく心も墜落《ついらく》していく心です。「自分は偉《えら》いんだ」「生まれつき偉いんだ」とか、あるいは「この条件《じょうけん》を得《え》たから偉いんだ」とか言う人はいると思うのですけれども、「自分だけは別格《べっかく》で、特殊《とくしゅ》で、神様みたいなもんだ」と思ってやっていると、やはり間違《まちが》いを起こしやすいのです。

「疑」は疑《うたが》いです。

これは、現代《げんだい》の科学とマスコミが一体になっての「疑」です。「疑って疑って疑って、それでも疑い切れないものだけが本物だ」というようなことはありますけれども、〝疑って疑って〟しているうちに、何でもかんでも、もう「嘘《うそ》」か「騙《だま》し」か「詐欺《さぎ》」かに見えてくる場合もあるから大変《たいへん》です。

確《たし》かに釈尊《しゃくそん》の言葉のなかにも一部、そういう言葉はあるのです。「疑っても疑っても疑い切れないような真理を追究している」というようなことを言っている面もあるのですが、そういうことが好《す》きな人はそういう言葉にとらわれて、ほかのところを見逃《みのが》してしまうわけなのです。

釈尊の教えそのものを読めば、神秘現象《しんぴげんしょう》はもう尽《つ》きないほどいっぱい出てきていますので、これを全部否定《ひてい》して、「疑って疑って、全部否定して、あとに何が残《のこ》るのだ」という心も「疑の心」です。

・釈尊《しゃくそん》の教えや伝記《でんき》を現代《げんだい》の医学知識《ちしき》で疑《うたが》い、否定《ひてい》する間違《まちが》い

あるいは、一部を否定《ひてい》する場合もあります。

「やはり古代の人なんだ。分からないんだ」というものです。

釈尊《しゃくそん》の教えのなかで、「なぜ、食べ物は胃袋《いぶくろ》で消化されて排泄《はいせつ》されるのに、赤《あか》ん坊《ぼう》はお腹《なか》のなかで溶《と》けないで出産《しゅっさん》されるんだ?」というようなことを説法《せっぽう》されていることがあるのですけれども、これはまだ胃袋と子宮との違《ちが》いが、釈尊の時代には外科《げか》的な意味では分かっていなかったということでしょう。そういう説法だけを読んで、例《たと》えば、医学をやっていた人が読んだら、「ああっ、こんな医学知識《ちしき》では、もはやほかのところはもう読むに値《あたい》しないですね」と言う人も、たぶんいるだろうと思うのです。

ただ、やはり、そこだけを取って、その疑《うたが》いでもって全部を否定するというのはおかしいというふうに思います。

それから、「人間は年を取ってしわくちゃになって、白髪《しらが》になって毛が抜《ぬ》けて、腰《こし》が曲がってヨボヨボになって、ボロ車みたいになって、もうボロ車を革紐《かわひも》で縛《しば》ったみたいな状態《じょうたい》になって死んでいく」というような教えがあります。晩年《ばんねん》の教えになるとそうなります。

「いや、そんなことはありませんよ。今は美容《びよう》整形があって、もういつまでも若々《わかわか》しい姿《すがた》を保《たも》てますよ」などと、美容外科医なら言う人もいるかもしれません。若々しく見えるような手術《しゅじゅつ》とかもできるのかもしれませんが、そうは言っても、永遠《えいえん》の生命を与《あた》えることはできないでしょう。「あんなにはち切れるようなピチピチした体をしていた人が本当に八十歳《さい》だったんですか!? 知らなかった」というような感じであったとしても、病気をして亡《な》くなっていくことはあります。

だから、「何かでもって疑えるから、全部真理ではない」というのは、ちょっとありえないことです。

釈尊の伝記《でんき》でも、東西南北に向けて、生まれたらすぐに立って歩いたとあります。

「生まれた日に立つ」というのは、これは動物ならありえます。鹿《しか》の子とか馬の子とかだったら、生まれた日に歩けないともう野生の敵《てき》に襲《おそ》われますからすぐに歩きますけれども、人間は歩けません。

だから、釈尊のときだけ、「七歩歩けて、東と西と南と北にそれぞれ歩きながら、『天上天下唯我独尊《てんじょうてんげゆいがどくそん》』と言った」と書いてあれば、これもやはり医学を勉強している人だったら、「あるわけないでしょう。奇跡《きせき》はいろいろあって、『病気が治《なお》る』『ガンが治る』などという話がたまにありますけれども、いくら何でも、生まれてすぐに七歩歩くなどというのは、それはありえないことだから、これだけを見ても、あとはもうでたらめのオンパレードでしょう」と疑う場合もあるでしょう。

けれども、それだけでやはり全部を疑ってはいけないのです。これは、「赤ちゃんとして生まれたけれども、なかに宿っている魂《たましい》としては、そういう、大人あるいは大人を超《こ》えたような高貴《こうき》な魂が、赤ちゃんの体に宿っているんだというふうに見ないといけませんよ」ということです。

先ほどは「生まれつき偉いということはない」というような言い方もしましたけれども、この場合は逆《ぎゃく》に「生まれつき偉い人もいるんですよ。その尊《とうと》さを知らないといけませんよ」ということです。

父親であれ、母親であれ、また、おじさんとかきょうだいとかがいたとしても、あるいは、年上の家臣《かしん》とかもいたかもしれないけれども、やはり、「仏陀《ぶっだ》として生まれた人の場合は最初《さいしょ》から尊い面もあるから、それを忘《わす》れてはいけませんよ」という教えが、このなかに加《くわ》わっているということです。

・仏典《ぶってん》の神秘《しんぴ》現象《げんしょう》を生物学の観点《かんてん》で疑い、全部を否定する間違い

あとは、カーシャパ三兄弟という拝火教徒《はいかきょうと》のところを釈尊が折伏《しゃくぶく》したときのことです。

いちばん上のウルヴィルヴァー・カーシャパという人は、五百人ぐらい弟子《でし》を持っていました。長男が五百人、次男が三百人、三男が二百人ぐらい弟子を持っていたのです。

この拝火教徒系《けい》の三兄弟のところも折伏に行っているのですけれども、三兄弟

は釈尊を試《ため》すために洞窟《どうくつ》のなかに泊《と》めています。釈尊が一夜の宿を乞《こ》うたときに、「部屋はないけど、洞窟ならある。そこで一夜を過《す》ごされよ」というようなことで試すわけです。

その洞窟のなかに毒蛇《どくじゃ》がいるわけです。今まで、そういうふうな試しで、修行《しゅぎょう》者《しゃ》などが来たときに、そこの洞窟に泊めたら、たいていの場合、毒蛇に噛《か》まれて死ぬわけです。命を落としているのです。そのため、しめしめと思ってそこへ泊めてしまいました。

仏典《ぶってん》はちょっと大げさなところもあるので、嘘か本当かは分からないけれども、その毒蛇は火龍《かりゅう》、火の龍で、ファイアー・ドラゴンでした。火を吹《ふ》く龍だったのです。

洞窟のなかに火を吹く龍がいたら、大変だなとは思います。詳細《しょうさい》については分かりませんが、火を吹く龍が本当にいたのかどうか、トカゲみたいなものだったかもしれないし、炎《ほのお》のような赤い舌《した》が出たりすることはあるし、蛇《へび》もありますから、そういう比喩《ひゆ》かもしれません。よく分かりませんけれども、とにかく毒蛇であったことはそうなのでしょう。きっとコブラのようなもので、大きいのがいたのでしょう。

そこへ泊めて、翌朝《よくちょう》に行ってみたら、なんと、まだ釈尊が生きている。「どうしたんだ！　なんで生きてるんだ」――。その毒蛇は、なんと、今度は小さな小《こ》蛇《へび》みたいになって、お盆《ぼん》のようなものの上に載《の》って、それで、連《つ》れて出てきたということで、「大蛇《だいじゃ》がこんなに小さくなってしまった」というようなことが書いてあるのです。

神変《じんぺん》です。一つの神秘現象《しんぴげんしょう》として、仏典には書かれています。

これだけを見たら、生物学の先生は、「そんなの、ありえないよ」と言うでしょう。地球上の火を吹く蛇というのは、龍のようなものだろう。龍のようなものがいた可能性《かのう》はあるかもしれない。けれども、火を吹くというのは、今のゴジラとかは放射能《ほうしゃのう》の火を吹きますが、「二千五百年前に龍がいたとして、はたして火を吹いたでしょうか」という疑問はあるわけです。

ただ、いろんな伝説で、火を吹くものもあります。ちょっと、このへんについては調べがどうしても現物としてはできませんから分かりませんけれども、イギリスのドラゴンとかでも、火を吹くものはやはり出てきます。何かそういうものがあったのか、生き物だったのか、あるいは人工物だったのか。宇宙《うちゅう》からの人工物の可能性もあるし、あるいは宇宙生物の可能性もあるし、分かりません。

そういうものがあっても、「『それが縮《ちぢ》んで小さくなって』などという、そんなことはありえない。『体が小さくなる。ドラえもんの〝スモールライト〟をかけたように小さくなる』？　ありえない」と思う人もいるかもしれません。

しかし、これは、何を言っているのでしょうか。

釈尊が酔象《すいぞう》をおとなしくした例《れい》もあります。酔《よ》っぱらった象、もう乱暴《らんぼう》で、何人も踏《ふ》み殺《ころ》しているという酔象を提婆達多《だいばだった》が仕掛《しか》けた話がありますけれども、その象は、釈尊の前に立って足を上げた段階《だんかい》で急におとなしくなって、子犬のようにお辞儀《じぎ》して、静《しず》かになって、象が人を乗せるときのポーズ、伏《ふ》せをしてしまった。そういうような話があるのです。

でも、これは本当だろうと思います。今も「気」を使う人で、そういう動物とか野生の動物でもおとなしくして寝《ね》かせてしまう人がいるので、たぶんそれは本当だろうと思います。動物の心も、ある程度《ていど》コントロールできるぐらいの力は、たぶんあっただろうとは思うのです。

そういうことからも見れば、その「毒蛇のたとえ」も、毒蛇が本当に縮んだかどうかは知らないけれども、「それが敵意を持たずにおとなしくなった」というようなことはありえるだろうと思うのです。

コブラなどは、体をものすごく広げて大きく見せるようにします。自分を高く見せ、大きく見せて威嚇《いかく》しますけれども、そういう敵意を持たなくなって、それがおとなしく、とぐろを巻《ま》いて小さくなっていれば、小さくなったようにも見えるかもしれません。

だから、「疑」だけをもって、あとを全部否定するような考えは、おやめになったほうがいいのではないかなというふうに思います。

## 「悪見《あくけん》」――真理からズレた見解《けんかい》を持つと呪《のろ》い、憑依《ひょうい》、地獄《じごく》行きにつながる

あるいは、「貪《とん》・瞋《じん》・癡《ち》・慢・疑」と言われていますように、「悪見《あくけん》」です。「悪見」のなかにも「六十二見もある」の次は「悪見《あくけん》」です。いろいろな間違った見解《けんかい》は、もう各種《かくしゅ》ありますから、いちいち言ってもきりがありません。

新聞というようなものの主要紙《しゅようし》六紙ぐらいを取っても、社説はみんな違うことが書いてあります。「どれが正しくて、どれが間違っているか」といっても、なかなか分からないところがありますけれども、そうした見解のなかに真理からズレているものもたくさんあるでしょう。こういうものをやはり一個《こ》一個外していって、真理に近づいていこうと努力《どりょく》することが大事なのだということです。

そういう間違った考えを持っている人、間違った行動をしているような人とい

うのは、生きていて呪《のろ》いを受けたり、呪いを発したりする人でもあるけれども、同時に、そういう間違った考えや間違った行動をしたり、人から悪い霊的《れいてき》な作用を受けたりして、それが〝体にくっついている〟ような場合は、今度、それに相《そう》応《おう》の地獄界《じごくかい》の悪霊《あくれい》、あるいは地上に漂《ただよ》っている悪霊に取り憑《つ》かれることがあるのです。

そして、その憑依《ひょうい》が去らないまま、憑依されたままだと、一体ぐらいなら分からないけれども、四体も五体も六体も憑依されているような状態なら、もう地獄へ行くことはほぼ確実《かくじつ》な状態です。閻魔《えんま》様の前で申し開きしても、その、憑依されるだけの原因《げんいん》は自分のなかに持っているはずです。それを知らなければいけません。

憑依を取ることで、それは人生が楽になるのです。体がまず楽になるし、人生が開《ひら》けることもあるけれども、原因が自分にあるかないかはやはりよく考えることです。

原因がなかったとしても、たまたま、それは「場所の因縁《いんねん》」とかもあります。例えば今、事故物件とか、そんなものがドラマや映画《えいが》で流行《はや》っています。「自《じ》殺者《さつしゃ》が相次《あいつ》いでいる」とか、「人が殺された」とか、そういう格安物件があるので、そういう所を面白《おもしろ》がって借《か》りたりしている人とかを映画につくったりすることもありますけれども、場所がちょっと悪い場合、それはやはり、喜《よろこ》んでそんなに接触《せっしょく》を求《もと》めるべきではないと思います。その〝接触を求める気持ち〟のなかにも、もう、それは結果《けっか》への原因が何かあると思うのです。

だから、「そういう事故物件のような所をあえて喜んで借りる」とか、「悪い呪《じゅ》文《もん》を唱《とな》えて呪いをかけたりするような所に、人を〝縁《えん》づけ〟して、自分も呪いと同じようなことをやる」などとやっていたら、あまりいい人生にならないことはあると思いますから、こうした憑依を避《さ》けることです。

呪いや、あるいは呪われるような生き方の結果としては、肉体を持っている段階では憑依という現象が起きて、これは精神科《せいしんか》などにかかると、「精神病」とか言われることが多いのです。「奇行が多かったり、あるいは何かをしているときに、ぽっかりと記憶《きおく》がない」というものです。

例えば、「人を襲って刃物《はもの》で刺《さ》したということの記憶が飛《と》んでしまって全然《ぜんぜん》ない」とかいう人もいます。人格が入れ替《か》わっているのでしょう。本人の魂がちょっと外れて、別のものが入って、やっているのです。

でも、これに責任《せきにん》能力があるかどうかということは、いちおう、刑法《けいほう》的にも問われてはいます。「責任能力がある段階か、ない段階か」とは言っていて、「何か憑依があったかどうか」とは言わないけれども、それに近いでしょう。そういうこともあるのです。

## 4　地獄《じごく》行きから脱《だっ》するために何をすればいいのか

### 自分の人生を反省《はんせい》してみるだけでどの地獄に行くか分かる

ですから、「天国・地獄《じごく》を考える。地獄を恐《おそ》れる」ということも分かりますが、先ほどの孔子《こうし》の例《れい》、「未《いま》だ生を知らず、焉《いず》んぞ死を知らんや」ではないけれども、「死んだあと、自分がどこに行くか」ということは、霊能者《れいのうしゃ》に教わる必要《ひつよう》もなく、自分の人生を点検《てんけん》してみれば分かってしまうということです。

自分の心が、いったいどんな心か。もうメラメラと嫉妬《しっと》の炎《ほのお》で人を焼《や》き殺《ころ》すような人生を生きていたら、「焦熱《しょうねつ》地獄」に行くでしょう。

また、実際《じっさい》に「暴力《ぼうりょく》」とか「刃傷沙汰《にんじょうざた》」に及《およ》んでいるような人だったら、「阿《あ》修羅《しゅら》地獄」「無頼漢《ぶらいかん》地獄」というような所に行くだろうし、色情《しきじょう》で人生が目茶苦《めちゃく》茶《ちゃ》になっているような人の場合だったら、やはり、それは「血の池地獄」とか、そんなような所に呼《よ》ばれていくことが多いでしょう。

あるいは、先ほどから言っているような、思想的に間違《まちが》っている思想犯《はん》、これは宗教的《しゅうきょう》思想もあるけれども、政治的《せいじ》思想でも「間違っている」ということはあります。

その思想を行《おこな》ったために、人々を多く不幸《ふこう》に巻《ま》き込《こ》んでいく思想があります。特《とく》に左翼系《さよくけい》のなかには多いと思われるのですけれども、そうした政治思想にも間違いがあるような人、あるいは宗教思想に間違いがあるような人、あるいは根本的な思想で多くの人に影響《えいきょう》を与《あた》えて間違わせたような人たちは、「無間《むけん》地獄」という深い深い所に堕《お》ちます。井戸《いど》の底《そこ》のような所です。出られません。こういう所に堕ちてくるのです。

「どこの地獄に行くか」などと訊《き》かなくても、「自分の人生を反省《はんせい》してみるだけで、それは分かります」ということです。そういうことをよく考えてみてください。

## 自分の心を鏡《かがみ》のように変《か》えていく努力《どりょく》をし、悪い心を拭《ふ》き取る

だから、本章の話を読んで、人生のなかで、呪《のろ》いとか憑依《ひょうい》について、もう一度考えてみてください。

リウマチ等にも、この世的な原因《げんいん》もあるのでしょうけれども、霊的に視《み》ると、やはり、蛇《へび》の霊とかにいろいろと取り憑《つ》かれていることがあります。

肩《かた》などもそうです。ひどい肩凝《こ》り、「四十《しじゅう》肩」「五十肩」と言われる場合とか、「腰《こし》が立たない」「足が立たない」とかいうなかには、物理的にそうなるのは当然《とうぜん》のこともあるのだけれども、そうではないのにそういう病気が絶《た》えない場合は、動物霊とかに憑依されていることはあります。

そういうときには、まずは自分の心を鏡《かがみ》のように変《か》えていく努力《どりょく》をしてみてください。その方法《ほうほう》は雑巾《ぞうきん》で拭《ふ》くのと一緒《いっしょ》で、〝悪い心を拭き取っていく〟という

ことです。

自分の部屋のなかを自分が汚《よご》して散《ち》らかしているのを、他人《たにん》が入ってきて勝手に片付《かたづ》けるわけにはいかないのです。勝手に入ってきて「部屋を片付けておきました」などということは、許《ゆる》してくれる場合は少ないでしょう。自分の部屋を散らかして汚《きたな》くして、ゴミだらけにした場合、それをやはり、ちゃんと片付けるのは本人の仕事なのです。

傍若無人《ぼうじゃくぶじん》な人だったら、窓《まど》を開けて家のなか、部屋のなかのゴミを道路にパーンと放り出して済《す》ますかもしれないけれども、それは近所からまた苦情が来るでしょう。やはり、よくないことでしょう。こういうことを知らなければいけないのです。

だから、外見がどんなに美人に見えたり、声がよかったり、きれいな服を着ていたりして、かわいいなと思うような方がいたとしても、その人の生活態度《たいど》を聞いてみたら、「何だか汚いんだって。もう、部屋はゴミの山で、洗濯《せんたく》はしないで、一カ月も下着が積《つ》み上がっている」とか、そういうのを聞くと、百年の恋《こい》も消えてしまうようなところがありますけれども、やはり、自分自身に責任《せきにん》があるところは努力しなければいけないのです。

生活がキチッとしていない人には、やはりどこかで、いろいろな人が推薦《すいせん》できない気持ちになったり、仕事が進まない原因になったりしていることがあります。

自分には分からない。本人には分からない。「なんでこれ、私じゃ駄目《だめ》なの？」とか、「自分じゃ駄目なんだ？」と思うことはあるけれども、日ごろの生活がやはり駄目というようなことで評判《ひょうばん》が出来上がってくることがあるので、気をつけていただきたいなと思います。

以上《いじょう》が、「呪いと憑依」についての話です。

# 第4章

# 悪魔《あくま》との戦《たたか》い

――悪魔の実態《じったい》とその手口を明らかにする

## 1　過去《かこ》、悪魔《あくま》と格闘《かくとう》してきた宗教《しゅうきょう》の歴史《れきし》

### 大きな影響力《えいきょうりょく》を持つ人を狙《ねら》ってくる「悪魔」

「地獄論《じごくろん》」といいますか、「地獄の法《ほう》」を説《と》くに当たりまして、避《さ》けられないもののの一つが、この「悪魔《あくま》との遭遇《そうぐう》」です。

普通《ふつう》の人であれば、悪魔というものを体験《たいけん》しないでも一生を送ることは可能《かのう》なのです。向こうも数が限《かぎ》られておりますので、誰《だれ》にでも取り憑《つ》いてくるということはありません。

やはり、ある程度《ていど》、目的性《もくてき》があって、「ある人の、生きている人だったら生きている人の人生を破壊《はかい》することが、彼らにとって何か大きな目的を果《は》たすことができる」というような場合でしょうか。あるいは、地獄界のなかではどうでしょ

う。やはり、暴力団《ぼうりょくだん》の親分のようなところがありますので、手下どもを使って何かもう一段《いちだん》深い地獄に引きずり込《こ》んでいくというようなこともありますけれども、数はそう無限《むげん》にあるわけではないので、限られてはおります。

　バチカンなどでは、エクソシスト、悪魔祓《ばら》い師《し》を養成《ようせい》するに当たって、悪魔の図鑑《ずかん》のようなものを見せています。絵が描《か》いてあって名前が書いてあるものを見せて、姿《すがた》と特徴《とくちょう》と名前を覚《おぼ》えさせたりするのです。私もバチカンのなかで教わったわけではないのでよくは知りませんが、五百種類《しゅるい》ぐらいは悪魔の顔と名前を覚えさせられるというふうには聞いております。

　ただ、よし悪《あ》しありまして、名前を知っていると、向こうのほうもその名前を使って出てくる場合もありますし、自分が引き寄《よ》せる場合もあるので、私の場合は、悪魔の名前等を明らかにするのは限られた数にしております。増《ふ》やすと、「名前を知っている」ということで、それを縁《えん》にしていくらでもやって来る場合があるし、騙《だま》してくるものもあります。

たいてい、普通は地上で迷《まよ》っている人が取り憑いてきたりすることのほうが多いのですけれども、その人の仕事によって大きな影響《えいきょう》が与《あた》えられると見たら、そんな大物の悪魔が狙《ねら》ってくることもあります。そこまで行くには、四、五体、五、六体ぐらい悪霊《あくれい》、悪霊《あくりょう》等を引きつけていることが多いのです。

よく出会えるのは、やはり、宗教《しゅうきょう》団体のなかで特に「宗教として間違《まちが》っている、狂《くる》っている」と思われるようなところであり、そこへ行きますと、そのなかは「悪霊《あくれい》の生産《せいさん》工場」になっていますので、数多くいる場合もあります。

程度はいろいろあるのです。小悪魔、中程度の悪魔、それから大悪魔《おおあくま》まで、いろいろあります。また、手下を持って威張《いば》っているような者のなかには、「魔王」と称《しょう》している者もいることはいます。

そのように、ちょっとだけ手強《てごわ》くなってきています。普通の人ですと、先祖《せんぞ》の霊とか、場所に取り憑いている不成仏《ふじょうぶつ》霊とか、何か、たまたま知り合った人に憑いていた霊が取り憑いてくるような場合もあるけれども、そういうものとはちょっとレベルが違うことがあります。

当会の映画《えいが》などでもよく使われてはいるのですが、勘違《かんちが》いするといけないけれども、ある意味において、「悪魔が憑いているから、自分は大物なんだ」などと威張っているといいことはないので、あまりお勧《すす》めはできません。普通の悪霊のように、簡単《かんたん》には成仏したり取ったりすることはできなくなりますし、人を騙すのがとてもうまくなってきます。巧妙《こうみょう》になってくるので、厳《きび》しいのです。

それから、天使の名を騙《かた》ってきたり、あるいは、神や仏《ほとけ》を名乗って出てくる場合もあります。修験者《しゅげんじゃ》とか、そうした山林修行《しゅぎょう》をしているような人のなかにも、襲《おそ》ってくる場合があります。道を求《もと》めている人を妨《さまた》げるのは好《す》きなのです。だから、もう一段レベルアップして、多くの人を導《みちび》いたり、法力《ほうりき》を得《え》そうになってきたようなときに、よく、そういう機会《きかい》を捉《とら》えて出てくることが多いのです。

それと、最初《さいしょ》に言いましたように、目的性を持っていることが多いので、その意味で、行きずりの霊とか、そういう場所にとらわれた霊とは違って、その目的完遂《かんすい》のために、しつこくあの手この手を繰《く》り返してくることもあります。

また、霊能力を使って霊現象《げんしょう》を起こしていても、悪魔になってきますと、いろいろなものに化《ば》けて、その姿を現《あらわ》すこともありますし、名乗ることもよくあります。


当会でも弟子《でし》の場合にはときどきこういうものに騙されることが多いので、もうちょっと気をつけなければいけないというふうに思っています。

## 地獄《じごく》の悪魔はどのようにして生まれたか

ポイントを語るといたしますと、結局《けっきょく》、あの世には、地上界に付随《ふずい》した、不成仏霊たちが住んでいるような同じ世界もあることはあるのですけれども、そこから離《はな》れて、天国とか天上界《てんじょうかい》といわれる世界もあります。

それから、理解《りかい》としては「地下」という感じになることが多いのですけれども、「暗い世界」「日の光が射《さ》さない世界」に地獄界《じごくかい》というのが広がっていることになっています。

この地獄にも階層《かいそう》があるといわれております。浅《あさ》い所では、まだ夕方ぐらいのぼんやりしたほの暗い感じの所も多いのですけれども、だんだん下のほうに行きますと、暗くなってまったく見えなくなります。「最深部」といわれるような所まで行くと、「漆黒《しっこく》の闇《やみ》」といわれるような、コールタールを流したような闇のなかに入ることもあります。暗さに違いがあるということです。そういうことが言えると思います。

何が違うかということですけれども、悪魔になるには、やはりちょっと年数が要《い》ることが多いのです。悪魔は、かつて人間であって地獄に堕《お》ちた人であることは多いのですが、地獄で五百年も千年もいたら、悪魔になってしまうこともあります。「天上界に上がることもできず、生まれ変《か》わることもできず」ということで、ずっと悪いことばかりしていると、だんだんそうなってくるのです。

これは分かるでしょう。不良《ふりょう》の仲間《なかま》とかヤクザの仲間で長くやっていたら、やはり、どこから見てもそれらしく見えてくるようになる人がいますけれども、それと同じ様子です。

ただ、その悪魔の起源《きげん》というものを辿《たど》ってみますと、たいていの場合は、そういう天使といわれる者、あるいは大天使といわれるような者が、はるかなる昔に、神に反抗《はんこう》したり嫉妬《しっと》したりして転落して、天上界にもう上がってこられなくなった者が始まりであることが多いのです。そういう人たちが、地獄界において魔王、帝王《ていおう》となって、自分たちの世界をまたつくり上げていっているところがあります。「マフィアの世界」といえば、そんなようなところかもしれません。

いちおう、手下を使ったりして組織《そしき》をつくることもあるのですが、ありがたいことに、悪魔同士《どうし》ではあまり共闘《きょうとう》、協力《きょうりょく》し合わない傾向《けいこう》があります。これがありがたいと言ったらあれですけれども、悪魔だって、何十匹《ぴき》とか何百匹とかいっぱいかかってきたら、それは大変《たいへん》だろうと思います。けれども、あまりお互《たが》い仲が良《よ》くないので、たいてい自分と、手下ぐらいしか使えないことのほうが多いので

郵便はがき

料金受取人払郵便

赤坂局
承認

8335

差出有効期間
2024年9月
30日まで
(切手不要)

1 0 7 - 8 7 9 0

112

東京都港区赤坂2丁目10−8
幸福の科学出版(株)
読者アンケート係 行

ご購読ありがとうございました。お手数ですが、今回ご購読いただいた書籍名をご記入ください。

書籍名

| | | |
|---|---|---|
| フリガナ<br>お名前 | 男・女 | 歳 |
| ご住所 〒 　都道府県 | | |
| お電話( ) − | | |
| e-mail<br>アドレス | | |
| 新刊案内等をお送りしてもよろしいですか? [ はい(DM・メール)・いいえ ] | | |
| ご職業 ①会社員 ②経営者・役員 ③自営業 ④公務員 ⑤教員・研究者 ⑥主婦 ⑦学生 ⑧パート・アルバイト ⑨定年退職 ⑩他( ) | | |

# プレゼント&読者アンケート

皆様のご感想をお待ちしております。本ハガキ、もしくは、
右記の二次元コードよりお答えいただいた方に、抽選で
幸福の科学出版の書籍・雑誌をプレゼント致します。
発表は発送をもってかえさせていただきます。)

**1** 本書をどのようにお知りになりましたか?

**2** 本書をお読みになったご感想を、ご自由にお書きください。

**3** 今後読みたいテーマなどがありましたら、お書きください。

ご感想を匿名にて広告等に掲載させていただくことがございます。
ご記入いただきました個人情報については、同意なく他の目的で使用することはございません。

**ご協力ありがとうございました!**

す。

## キリスト教の「煉獄《れんごく》」「地獄」の教えに見られる「人間としての狭《せま》さ」

それでも系統《けいとう》がありますので、どの系統かということの選《えら》び方はあります。キリスト教系には、キリスト教系の、イスラム教系にはイスラム教系の、それから、仏教には仏教系、日本神道《しんとう》系には神道系の、それぞれの民族《みんぞく》や宗教にかかわる悪魔がいることが多いのです。

日本の宗教の場合は、あまり悪魔をはっきり認識《にんしき》していないことが多いのです。スーパーパワーというか超能力《ちょうのうりょく》を持っているようなものはみんな神に比肩《ひけん》して祀《まつ》られたりすることもあるので、ちょっと、そのへんの「善悪《ぜんあく》の区別《くべつ》」が弱いような気がしてなりません。

これは、立派《りっぱ》な宗教家があまり生まれていなかったということなのかもしれないし、民度が低《ひく》いということなのかもしれません。

ただ、キリスト教のなかでも、地獄に関《かん》しての知識等はあまり深いとは言えないのです。

『聖書《せいしょ》』を読んで出てくるのが、イエスの言葉などで、「地獄に堕ちて永遠《えいえん》の業《ごう》火《か》に焼《や》かれる」というような言い方をされているので、普通のクリスチャンというのは、「地獄に堕ちるともう出てこられない」というふうに思っていることが多くて、「永遠の業火」といわれる、霊的な、魂《たましい》を焼き尽《つ》くすような炎《ほのお》のなかから出てこられないで、阿《あ》鼻《び》叫喚《きょうかん》地獄というか、そういう、いわゆる典型《てんけい》的な地獄に入るというふうに思っている人が多いのです。

もともとのキリスト教の教えでは、天上界というのはあるのですけれども、地獄というのは「堕ちたら永遠の命を失《うしな》う所」というふうに考えていて、要《よう》するに「信仰《しんこう》を持ってイエスの教えを学び実践《じっせん》している人は永遠の命を得る」というふうに考えているケースが多いのです。

歴代《れきだい》のキリスト教の教会等の教えによると、伝道《でんどう》目的もあるのだとは思いますけれども、「キリスト教を通さずして天国の門から入ることはできない」というような言い方をしますので、その考え方から言うと、「異教徒《いきょうと》は全部地獄行き」ということに、基本的《きほん》にはなります。

もちろん伝道目的でそういうふうに言っていて、改宗《かいしゅう》してキリスト教に入るように言っていることもあるので、伝道を進める意味ではいいところもあるかとは思いますけれども、「キリスト教を信じていない人はみんな地獄」という言い方もちょっと極端《きょくたん》すぎるのかなという気はします。

かつて、シーザー（カエサル）等がガリアへ――ガリアというのは今のフランス・ドイツ付近ですが――あちらのヨーロッパのほうにシーザーが遠征《えんせい》して、一部、船でイギリスまで渡《わた》りました。

その後、キリスト教と共《とも》に軍隊《ぐんたい》で占領《せんりょう》していったときに、植民地になっていった国々にこのキリスト教を勧めるのですけれども、たいていの民族はみんな先祖供養《くよう》の宗教のようなものを何か持っていることが多かったのです。そのときに、

「キリスト教を信じていなければ天国に還《かえ》れない」ということになると、「今、征服された自分たちはキリスト教に帰依《きえ》することはできるけれども、自分のお父さんお母さん、お祖父《じい》さんお祖母《ばあ》さん、そのまた先祖等はどうなるんだ?」「今までやっていた先祖供養の儀式《ぎしき》はどうなるんだ?」ということになって、それでは具合が悪いということになりました。

要するに、「みんな永遠の業火に焼かれて地獄に堕ちている」ということだったら、「二千年前からやっと天国へ入れるようになって、それ以前《いぜん》の人たちはみんな地獄か」ということになりますので、やや、客観《きゃっかん》的に見て手前味噌《てまえみそ》といいますか、勝手なところはあるかと思います。

そういうことで、その〝中間帯《ちゅうかんたい》〟を考えるようになって、それを、難《むずか》しい字ではありますけれども「煉獄《れんごく》」という名で呼《よ》ぶようになったということです。

簡単に言えば、「煉獄」という所では、「生きていたときにはキリスト教には辿り着けなかったけれども、悔《く》い改《あらた》めてイエスの教えに帰依した者は、天上界に上がれて人間として生まれることもできるようになる世界がある」という感じで、煉獄が〝中間帯〟にあって、その下に地獄があるというふうな考え方を出すようになっていきました。

一二〇〇年代ごろでしょうか、十三世紀《せいき》ごろのイタリアのダンテの『神曲《しんきょく》』には「天国篇《へん》」「煉獄篇」「地獄篇」とありますけれども、それなどで明確《めいかく》に書かれているので、中世あたりから、その区別がもっとはっきりしてきたということになります。それ以前は、たいていの場合、「異教徒はそのまま地獄」というふうに考えていたのではないかと思います。

ですから、アウグスチヌスが、四世紀ごろ、キリスト教を離れてマニ教に入ろうと深く入っていたときに、母のモニカという人が必死《ひっし》になってキリスト教に呼び戻《もど》そうとしてやって、アウグスチヌスが回心《かいしん》するというようなことがあったと思います。要するに「ほかの宗教では地獄へ行ってしまう」と思っているから、一生懸命《いっしょうけんめい》になって戻そうとしたわけです。

現実には、幸福の科学の『太陽の法』や『黄金の法』『永遠の法』（いずれも幸福の科学出版刊）等にも書かれていますように、いろいろな宗教において、神仏あるいはその代理となるような方々が地上に生まれて、その時代に合った、地域《ちいき》に合った宗教を説いていますので、光の天使とか、菩薩《ぼさつ》たち、如来《にょらい》たちも出ています。だから、違った種類の教えでも、そこに合っているものであれば人を救《すく》うことはできるのですが、このへんは「人間としての狭《せま》さ」でしょうか。

それは分かります。この世でお店をやっていても、隣《となり》近所に同じようなお店ができたら、やはり嫌《いや》がるでしょう。そういうことです。酒屋の隣に酒屋ができたり、八百屋《やおや》の隣に八百屋ができたりするのは嫌がります。それとちょっと似《に》たところがあるかと思うのです。

ずっと現代的になりますと、商店街《しょうてんがい》のようなものができて同じような店がいっぱいあっても、それはそれなりに人を集めることができて、大勢《おおぜい》の人が来るというようなところもあります。

東京でも、例《たと》えば、お好《この》み焼き屋が集まっているような所とか、おでん屋が集まっているような所とか、あるいは飲み屋街で集まっているような所とか、そういう所もありますけれども、それはそれなりに「選ぶ自由」というか、店が選べるので、いろいろな人が「とりあえずどこそこへ行こうか」というような感じで行くことがあるのです。「月島《つきしま》へ行って、もんじゃ焼きを食べようか」と言ったら、どの店ということを決めているわけではないけれども、月島に行って歩いてみて、空《す》いていて美味《おい》しそうなところを選んで、感じのいいところに入るというような感じでしょうか。

そういうことも、今ではありますが、昔の人たちは、〝同業者〟があるのは非《ひ》常《じょう》に困《こま》ったということなのかなと思います。

## キリスト教とイスラム教の争《あらそ》いのなかに発生する「地獄」や「悪魔」

こうした「憎《にく》しみ」が、キリスト教とイスラム教の聖地争《あらそ》いというか、エルサレム争いなどでの十字軍を生んで、大きくは三回ぐらいの戦《たたか》いがありました。キリスト教がヨーロッパの側《がわ》から軍隊を派遣《はけん》してエルサレム奪還《だっかん》を目指して攻《せ》めてくるということで、その間、大変な戦いがあって、一進一退《いっしんいったい》、両方に被害《ひがい》をいっぱい出しながらやっても、聖地を奪《うば》い取ることはなかなかできなかったようです。数多くの英雄《えいゆう》も出てきたりしたのですけれども、やや無知な部分もあったのかなと思います。

この十字軍戦争のなかでルーマニアから出た王様の一人が、「ドラキュラ伯爵《はくしゃく》」として、今、「ドラキュラの伝説《でんせつ》」のもとになっている人です。強かったのだろうと思いますけれども、〝敵《てき》の首〟を斬《き》っては、それを槍《やり》に串刺《くしざ》しにして立てるようなことをやっていました。ちょっと、これは、そうとうすさまじい光景《こうけい》です。敵というのは、たいていイスラム教徒ということになりましょうけれども、これまた地獄です。

そういうこともあるので、どちらの側からでも、「地獄」も出てくれば「悪魔」

も出てくることもあるので、難しいところはあるかなということです。

ですから、この世での地位《ちい》とか権力《けんりょく》や名誉《めいよ》と引き換《か》えに、地獄に行って悪魔になってしまうこともあるということです。

「悪魔は人を使えたり、ほかの魂を自由に使えたり、地上の人に取り憑いて苦しめたりできるから楽しいじゃないか」と言う方もいるとは思うのです。そういう面もあるかもしれませんが、どうでしょうか。ディズニーランド風のテーマパークや遊び場があるとして、永遠に「お化け屋敷《やしき》」でお化けをやっているとか、ジェットコースターに永遠に乗り続《つづ》けているような感じというのは、そんなに楽しいものでもないかもしれません。

## 2　知られざる「地獄《じごく》の最深部《さいしんぶ》」の光景《こうけい》

### 死後、唯物論者《ゆいぶつろんしゃ》たちを待ち受ける「十六大地獄」

地獄《じごく》の要素《ようそ》の一つとしては、やはり「恐怖《きょうふ》」というものがあります。恐怖心です。「恐怖心」とか「痛《いた》み」とか「苦しみ」や「悲しみ」は人間界にもあるものですけれども、それがもっと極端《きょくたん》化したものとして存在《そんざい》します。

そして、地獄に行っている人のほとんどは、特徴《とくちょう》として結局《けっきょく》、今、生きている人のなかで「唯物論者《ゆいぶつろんしゃ》」といわれている人――「物しかなくて、この世限《かぎ》りだ」「有限《ゆうげん》だ」と思っている人です。

そういう人たちが行きやすい世界ではあるので、その人たちが嫌《いや》がるような責《せ》め苦《く》が待っていることが多いのです。肉体がある自分しか考えないから、「肉体を持って生きるときに困《こま》ること、苦しいこと、悲しいことは何か」というと、例《たと》えば、斬《き》られたり撃《う》たれたりしたら痛いというようなことがあります。そういう苦しみがあるので、刃物《はもの》を持って追いかけられたり、斬られたり、銃弾《じゅうだん》で撃たれたり、高い所から飛《と》び降《お》りて死んだりする、そういう繰《く》り返し肉体の痛みを味わうような地獄があります。

それ以外《いがい》では、地獄的なものとしては、先ほど、「阿鼻叫喚《あびきょうかん》」とも言いましたけれども、「泣《な》き叫《さけ》ぶような厳《きび》しさ」ということです。そういうものもあります。

あるいは、これはちょっと国柄《くにがら》と地域性《ちいきせい》が関係《かんけい》あるのですけれども、日本などに伝《つた》わってきている地獄としては「八大地獄」ということで、熱《あつ》いほうの「熱《ねっ》地獄」と、それから寒いほうの「寒冷《かんれい》地獄」と、「両方とも八種類《しゅるい》ぐらいある」と言われているのです。

これは地域にもよるでしょう。日本は夏もあれば冬もあるのでそういうことは分かりますけれども、ずっと暑い地域になってきたら、寒冷地獄のようなものはあまりなさそうな感じはしますし、ずっと寒いところへ行くと、これまた灼熱地《しゃくねつじ》獄のようなものはあまり経験《けいけん》しないのではないかなというふうに思いますので、地域性はあります。

ですから、日本に来ているこの「八大地獄」、「寒冷地獄」と「灼熱地獄」を合わせれば「十六大地獄」というものがあります。

これは中国辺《あた》りからも渡《わた》ってきていますので、あの辺りにもあるということでしょう。もっと北のほうに行くと、ちょっと、やはり事情《じじょう》は変《か》わってくるかもしれません。

そうした灼熱地獄系統《けいとう》というのは、火山などが多いような国とか地域とかにはよく存在しているような気がします。

あとは、寒冷地獄系統は、雪がすごく積《つ》もったり、氷でよく人が死ぬような所などでは出やすい感じでしょうか。そういうことがあるというふうに思います。

この地上での生命体を持っている者にとっては、その「灼熱の地獄」も「零下《れいか》の寒冷」も、共《とも》に命を失《うしな》う危険《きけん》を伴《ともな》っているものですから、肉体生命を中心に考えている人にとっては恐怖であることは間違《まちが》いありません。

日本は零下に行くとしても、零下二、三度まで行けばいいほうでしょう。ただ、北海道とかは、もうちょっと行くことも多いのです。

ニューヨークですと、雪が降《ふ》っていなくても零下二十度ぐらいまで行くこともあります。位置《いち》的には日本の青森付近《ふきん》に当たるかと思うのですけれども、そのくらいの寒さが襲《おそ》ってくるので、コートだけで防《ふせ》ぐのはけっこう難《むずか》しくて、日本で私が着ていた綿《めん》のコートぐらいでしたら、その零下二十度ぐらいになるともう防ぎ切れない感じになって、ちょっと高いカシミヤのコートなどを着ないと震《ふる》え上がります。さらには、そのころはなかったのですけれども、後《のち》にダウンコートとかも出始めたので、これを着るようになったら、かなりしのげるようにはなってきました。

そのような「寒冷地獄」や「灼熱地獄」があるということで、その人がどこへ行くかはちょっと分かりません。その人の生き方にもよるので分からないのですけれども、たいてい、「嫉妬《しっと》」の炎《ほのお》とか、そういう「憎《にく》しみ」や嫉妬・憎悪《ぞうお》系統が強いと、そうした灼熱の地獄に行くことが多いとも言われていますし、寒冷地獄のほうになってきますと、やはり、「孤独《こどく》」や「恐怖」や「貧《まず》しさ」とか、こんなものと関係してくることも多いでしょう。食料《しょくりょう》がないとかいうようなことも多いかと思います。

地獄に行くと、霊体《れいたい》になりますので、その環境《かんきょう》に適《てき》した姿《すがた》に変化《へんか》してくるということはよくあります。そして、地上において嫌がるようなものが「これでもか、これでもか」というかたちで出てくるということです。

それについては地獄絵図がいろいろありますけれども、多少誇張《こちょう》されて描《か》かれているものも、そうでないものもあるかなというふうに思っています。

キリスト教のほうでダンテが「天国」「煉獄《れんごく》」「地獄」と描《えが》いているけれども、やはり、煉獄あたりの描写《びょうしゃ》を読んでみると、ちょっと不明瞭《ふめいりょう》で確《たし》かな感じがないところはあります。これはかなり想像《そうぞう》し創作《そうさく》した部分があるのではないかなと思います。

天国篇《へん》になると、歴史《れきし》上の有名人とかがいっぱい出てきたりするし、地獄だと「極悪非道《ごくあくひどう》」といわれたような人とかが出てくるような感じでしょうか。あとは、他の民族《みんぞく》の王様や宗教家《しゅうきょうか》や、そんなものが出てくるという感じになります。

でも、完全《かんぜん》に霊界《れいかい》描写とは言えない部分もあるのかなというふうに感じています。

## 底《そこ》なしの「無間地獄《むけんじごく》」にまっしぐらに堕《お》ちていくタイプの人たちとは

「煉獄《れんごく》」という意味では、日本で流行《はや》り、世界的にも流行った「鬼滅《きめつ》の刃《やいば》」に煉獄杏寿郎《きょうじゅろう》などという人が出てきます。二十歳《さい》ぐらいなのですが、鬼《おに》と戦《たたか》う非常《ひじょう》に強い人で、「柱《はしら》」といわれる人が出てきますけれども、「すごい名前を付けるな」と思いました。まあ、子供《こども》に分からないような名前ではありません。そんな人が出てきますけれども、そんな所（煉獄）があるというふうに言われています。

日本的には、そういうことはあまり本当は言われないのです。たぶん、イエスが言っていた、「地獄に堕《お》ちて永遠《えいえん》の命を失う」というか「もう出てこられない」という地獄は、日本的に理解《りかい》しているものとしては、いわゆるサタン、悪魔《あくま》といわれる者、もう本当に悪魔になって、〝地獄の伝道部隊《でんどうぶたい》〟といいますか、地獄の勢力《せいりょく》を増《ふ》やそうとして、いろいろなことを画策《かくさく》しているような人たちがいる所のことであり、一般《いっぱん》に、これは出てこられないのです。

それから、「無間地獄《むけんじごく》」といわれる地獄の底《そこ》のような所にまっしぐらに堕ちていく、真《ま》っ逆《さか》さまに堕ちていくタイプの人たちがいます。こういう人たちも、簡単《かんたん》には出てこられないことが多いのです。その無間地獄といわれる底なし地獄のような所に堕ちる人というのは、思想家や学者、政治家《せいじか》、あとは、影響力《えいきょうりょく》の大きかった方が多いのです。

思想家だけを取ってみると、「この世的に何か犯罪《はんざい》を犯《おか》したか」といったら、この世的には犯罪を犯していないのだけれども、「人々の心に毒《どく》を注いだ」というようなことでしょうか。そういうことで、大勢の人に影響を与《あた》えすぎたために出られない方もいるわけです。

だから、そうした人でも、この世では別《べつ》に、「先生」と呼《よ》ばれたり、名誉《めいよ》があったり、地位があったり、お金もあったりすることもあります。具体的な例《れい》をあまり挙《あ》げると申し訳《わけ》ないので、言いにくいのですけれども、例えば、あまりむごたらしい殺人事件《さつじんじけん》のようなものばかりを小説《しょうせつ》に書いたり、作品で映画《えいが》とかをつくりすぎたりしたような人だったら、関心がやはりそこにありますので、心が同通してきます。そういう人はストーンと、要するに、「閻魔《えんま》大王のお裁《さば》き」を受けるまでもなく、死んだあと、「照魔《しょうま》の鏡《かがみ》」とか「浄玻璃《じょうはり》の鏡」とかいう、自分の過去《かこ》を映《うつ》し出すような鏡を見ながら反省《はんせい》することもなく、真っ逆さまに堕ちることが多いのです。

それから、学者では、文系では哲学《てつがく》や宗教系も多いと思うのですけれども、いったん地獄に堕ちるということはあります。たいていの場合が、「地獄的な考え方の、この世での扇動者《せんどうしゃ》」というか、そういう人ということになります。だから、この世的には偉《えら》い学者もいっぱいいるのです。東大名誉教授《きょうじゅ》のような方でも無間地獄に行っておられる方もいますし、大作家のなかにも、そういう人がいます。ただ、作品が天国的か地獄的かというのは、実に難しいことでしょう。小説のなかで〝人を死なせる〟というようなことがありますけれども、「全体として、人を改心《かいしん》させたり浄化したりする力があるか、地獄への、悪への誘惑《ゆうわく》が多いか」、あるいは、「その作品を経由して、この地上世界がよくなるか悪くなるか」というようなことです。

ですから、唯物論を肯定《こうてい》したり、「唯物論だから、人なんか殺《ころ》しても構《かま》わない」という感じの、殺人肯定型《がた》の革命《かくめい》思想とかが強すぎる場合や、あまりに残忍《ざんにん》な思想とかが広がったりしたような場合はそういう無間地獄に堕ちて、程度《ていど》がひどすぎる場合は悪魔になってしまうということもありました。

## 「超人思想《ちょうじんしそう》」でキリスト教を批判《ひはん》したニーチェの罪《つみ》

本章では、地獄の悪魔との戦いの話をしようと思ったので、二、三日ほど前から、当会の映画「永遠の法《ほう》」にも描《か》いたことがあるドイツの哲学者のニーチェという人の本も読んでいたのですけれども、読んでいると、やはり、私などの場合、確実《かくじつ》に相手が出てくることがあって、けっこうしつこくて大変なのです。

そこに書いてある哲学思想としては、「神は死んだ」という言葉もありますけれども、「超人思想《ちょうじんしそう》」を説《と》いていて、キリスト教を批判《ひはん》しているわけです。

ニーチェは、キリスト教のプロテスタントの牧師《ぼくし》の家に生まれ、十三歳ぐらいから目覚《めざ》めて、頭はよかったと思うのです。秀才《しゅうさい》だったと思います。古典《こてん》の文献《ぶんけん》学《がく》のようなもので研究者になって、二十四歳でバーゼル大学に招聘《しょうへい》されて、二十五歳で教授になったというのです。古典文献学の教授に二十五歳でなるというのですから、よっぽど頭がよかったのでしょう。ギリシャ語やラテン語や、いろいろなものも読めたので、頭は細《こま》かくて、過去の哲学等もよく勉強された方なのだと思うので、頭のよし悪《あ》しだけで決まらないという証明《しょうめい》の一つでもあろうと思うのです。

そして、二十五歳で教授になるのですが、やはり発表する意見が極《きわ》めて異端《いたん》であるので、非難囂囂《ひなんごうごう》という感じになってきて、だんだん、学者の業界からも追放されていくことになるのです。

有名なのは、『ツァラツストラはかく語りき』というものです。クラシックの音楽のなかにもありますけれども、ツァラツストラというのはゾロアスターのことなのです。

「イエスというのは、罪人《ざいにん》にされて、罪人と一緒《いっしょ》に十字架《じゅうじか》に架けられて、足を折《お》られて、釘《くぎ》を打たれて、槍《やり》で突《つ》かれて死んでしまったような、この世的に見たら弱い神だ」というようなことで、「そのイエスを信《しん》じるというのは、ちょっとバカじゃないか」といった考えも出てくるし、そして、「イエスを殺したのは、ユダヤの民衆《みんしゅう》のルサンチマンだ」とあります。ルサンチマンというのは、嫉妬みたいなものの塊《かたまり》のようなものでしょうか。「嫉妬によって殺された神なんだ」というわけです。

また、「十字架に架かったのに、今度は、その十字架を何か神のシンボルのような感じで使って、『これで人類は救《すく》われたのだ』というようなパウロの思想以下、こんなものは本当は、この世では殺された弱者であるにもかかわらず、それを偉大《いだい》な人のように持ち上げる、ペテンに近い宗教だ」ということで、キリスト教の持つ一つの弱点のところですが、その弱点を突いて攻撃《こうげき》しています。

彼のお父さんも三十代で亡《な》くなっているので、家系的にどうであるかはちょっと分かりませんが、牧師の家だから、そうしたキリスト教学については詳《くわ》しかったであろうとは思うのですけれども、「そういう弱い神を何かみんなで崇《あが》めているというのがバカバカしい」ということで、「神なる者は強くなければいけない」というわけなのです。

## 菅原道真《すがわらのみちざね》や平将門《たいらのまさかど》に見る、怨霊《おんりょう》を祀《まつ》り上げて祟《たた》りを収《おさ》めようとする日本

ちょっと、これは日本にもあることはあるのです。日本で神といわれるものは、たいていの場合、軍神《ぐんしん》です。「戦《いくさ》で勝った人」が神様として祀《まつ》られることが多いのです。

ただ、戦で負けたほうの、その怨霊《おんりょう》が恐《おそ》ろしい場合は、やはり〝神様〟として霊廟《れいびょう》を建《た》てたり神社を建てたりして祀ることもあります。その「祟《たた》り」を恐れて祀り上げる、〝神〟に神格《しんかく》を与えて、いろいろなものをお供《そな》えしたりして、祟りを収《おさ》めてもらうようにするのです。

有名な例は、「学問の神様」に今はなっていますけれども、左遷《させん》されて大宰府《だざいふ》に流された、太宰府天満宮《てんまんぐう》の菅原道真《すがわらのみちざね》です。遣唐使《けんとうし》の派遣《はけん》を中止した方としても有名ですが、勉強はよくできたけれども、流されたという方です。

こういう方もいるし、あとは、「平将門《たいらのまさかど》の乱《らん》」などで有名な、関東で兵《へい》を挙げ

て乱を起こした平将門がいます。

昔、千代田区《ちよだ》に、今は銀行の名前はもう変わっていますけれども、「日本長期信用銀行」というものがありました。黒い建物《たてもの》で、見るからに何か黒々していて、ちょっと“怖《こわ》さ”があるのですが、ある程度、人気はあったのです。縦長《たてなが》の建物で、建築《けんちく》がちょっと変わっていました。中だけコの字にえぐってあり、その上もあって、「地震《じしん》があったら、これはペシャッとこないかな」と思って、私などは見ていて心配だったのですけれども、その敷地《しきち》内には一角《いっかく》に、「平将門の首塚《くびづか》」というものがありました。

ここだけはみな怖がって、長銀の人たちは、そちらに背中《せなか》を向けないように、避《さ》けて座《すわ》っていました。

ただやはり、その首塚に背中を向けて座っている人で、「怪死《かいし》」「謎《なぞ》の死を遂《と》げた」というような人が次々と出てきて、新聞に載《の》ったりもしたので、怖がってしまって、あとで建て直しをしたとは思いますけれども、こういうものは怖いでしょう。もう千年もたって、まだそんなに祟ってくるようなものは怖いのです。

ところが、その平将門について言えば、こんなことがありました。

赤坂《あかさか》の近くですけれども、紀尾井町《きおいちょう》ビルというところに当会の本部があったときに、角川書店の角川春樹《かどかわはるき》という人が来ていました。

かなり破天荒《はてんこう》な方で、自分で〝角川神社〟というものをつくっていて、神主《かんぬし》も兼《か》ねており、霊能者《れいのうしゃ》だということで、そういう「超能力もの」「霊界もの」の映画とかもよくつくっている方でした。

その人が、「文庫本を出さないか」ということで、『太陽の法』とか『黄金の法』とか『永遠の法』とか、十冊《さつ》かそのくらいは、私の本も文庫本で出したのですけれども、ときどき来ておられたのです。

それで、「自分の過去世《かこぜ》は何だと思うか」と向こうが訊《き》いてくるから、私は、「ほかの霊能者のところで聞いておられるでしょう。だから、言わないほうがいいのではないですか」と言ったのです。

向こうは「いや、別に、聞いているわけじゃないですから、いいですよ」と言っていたのですが、ほかの霊能者のところに行って、過去世は武田信玄《たけだしんげん》だとか出ていて、本人はそれを聞いているのです。だから、戦国武将《せんごくぶしょう》が〝天下取り〟をやっているつもりでいるのですけれども、私のほうが見ると、どう見ても平将門なのです。

平将門が憑《つ》いているので、「ああ、こんなものが憑いていたら、それは大変だな」と思うのですが、角川映画で当時観《み》たものでは、「魔界転生《てんしょう》」とか「帝都《ていと》大戦」だとか、そんなものをよくやっていましたけれども、やはり「魔界」なのです。ずばり魔界が出てくるのですが、いちおう「平将門かもしれませんが」と言ったのです。信じたか信じないかは知らないのですけれども、「ほかの霊能者からは、たぶん、違うものを聞いておられるでしょう」と言ったのです。

彼は、こちらが霊能者だと思って安心して心を開いて話をしているのですが、「『この前、南米で火山が噴火《ふんか》したでしょう。角川さん、あんたがあれを噴火させたんでしょう』とか、こう言われたりするんですよ」と言っていました。私などは「ああ、そうですか。はあ、はあ」と言って聞いていたのですが、そういう一流会社を運営《うんえい》するにはちょっと〝危険なこと〟を言う方だなと思っていました。

そのときに、会って話していると、クラクラッとする感じがするのです。クラクラッと空間が歪《ゆが》む感じがあるから、「何だろうな」と思っていたのですが、しばらくしたあと、彼が麻薬取締法違反《まやくとりしまりほういはん》で逮捕《たいほ》されて刑務所《けいむしょ》に入られたということがあったので、「ああ、あの空間が歪むクラクラッとする感じは、麻薬だったのか」と思ったのです。

だから、麻薬を飲んでトリップしているわけです。あの世の体験をしたりして、そんなものを創作というか創造《そうぞう》のヒントにたぶんしておられたのだと思うのです。

そのころは、夏場、私はよく軽井沢《かるいざわ》の丸太小屋を借《か》りて、コテージに籠《こ》もっていることが多かったのです。ちょうど彼が逮捕されたというニュースが流れた日だったと思うのですけれども、私はまだそのニュースを観ていなかったので知らなかったのですが、夕方ごろ、コテージの部屋のリビングの隅《すみ》のほうで、何か黒い影《かげ》が膝《ひざ》を抱《だ》くようなうな感じでうずくまっていました。

「あれ？　何だろう。黒いものが部屋の隅に座っているなあ」と思ってよく見てみると、角川春樹さんによく似《に》ているのです。「これは何だろう。何をしに来たんだろう」と思いました。死んだら来ることがあるので、「死んだのかな？」と思ったら、死んでいるわけではどうもないらしく、ニュースを観たら、「逮捕された」というようなニュースだったので、「ああ、それで、いちおう救いを求《もと》めて来たのかな」というふうに思いました。

あと、彼がガンか何かになって手術《しゅじゅつ》を受けたときに、ベッドに寝《ね》ながら耳にヘッドホンをして、『正心法語《しょうしんほうご》』を聞き続《つづ》けていたなどということを言っていましたから、霊能者としては多少信じてくれていたのかもしれません。その

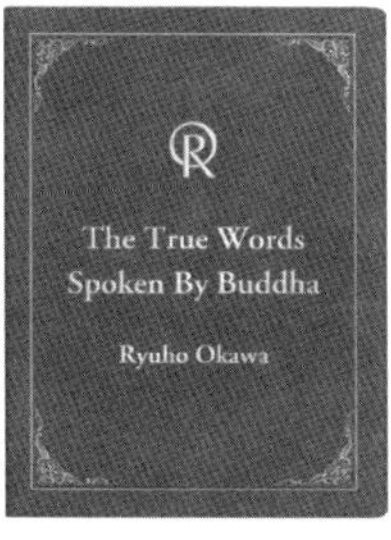


『The True Words Spoken By Buddha』（宗教法人幸福の科学刊）

『仏説・正心法語』（宗教法人幸福の科学刊）

病気のほうは治《なお》ったようではありますけれども、こういうこともあります。

だから、霊能者でも、どういう系統のものとつながっているかは、やはり見極めないといけないのです。

## 3　今なお宗教界《しゅうきょうかい》の一部に巣《す》くう「悪魔《あくま》」の存在《そんざい》

### 悪質《あくしつ》な霊能系《れいのうけい》宗教の「霊能力信仰《しんこう》」に潜《ひそ》む危険《きけん》

特《とく》に、霊能系《れいのうけい》の宗教《しゅうきょう》で悪質《あくしつ》なものになってきますと、もう何年もやっているとなかなか取れないものもあって、とても厳《きび》しいのです。

真言密教《しんごんみっきょう》系などでも、「正統《せいとう》な、いいもの」もあることはあるのですが、相手を呪《のろ》い殺《ころ》したりするようなことを中心にしているようなところとか、悟《さと》りも開いていないのに、「手かざしをして、相手を清《きよ》められて、浄霊《じょうれい》できる」とかやっているようなところは、間違《まちが》っているものも多くて、地獄《じごく》霊も来ているけれども、悪魔《あくま》も指導《しどう》しているところがあって、数がとても多くて大変《たいへん》です。

長くそこで信者《しんじゃ》をやっていたり、あるいは「住み込《こ》みで研修《けんしゅう》をやっていた」とかいうような方もいたりして、当会の職員《しょくいん》になった人もいるのだけれども、やはり、長くいすぎると、そういうものはそう簡単《かんたん》に取れないのです。生活と密着してやっていたような方になると、なかなか取れなくて、幸福の科学に出家《しゅっけ》してきても、残念《ざんねん》ながら引っ張《ぱ》っていかれるような方もいたことはいたのです。

だから、「霊能力信仰《しんこう》でも、ちゃんとした教えがあって、本人が自分の行動を正して、反省《はんせい》して、人格《じんかく》的に向上していくというかたちを持っていなければ、単なる超能力《ちょうのうりょく》ですべて解決《かいけつ》するというような感じのところはやはり危険《きけん》だな」というふうに、いろいろな経験《けいけん》をして思うようになりました。

特に、お互《たが》いに不成仏《ふじょうぶつ》霊が憑《つ》いている者同士《どうし》が手かざしを交代でやって、「相手の悪霊《あくれい》、憑いているものが薄紙《うすがみ》を剝《は》がしていくようにだんだん取れていくんだ」などとやっているところもあります。「理論《りろん》的に、そんなことはありえないのではないか。神の光が入るようでないと、追い払《はら》えないではないか」と言っても、「いや、そんなことはないんだ」と言うのです。「法具《ほうぐ》みたいなものがあって、『御《お》み霊《たま》』を着けている。これがあるから、そういうことができるんだ」と言うのです。これは真光《まひかり》系です。

真光系のお清めをするものについては、こんなことがありました。

私が霊道《れいどう》を開いた最初《さいしょ》のころですけれども、栃木《とちぎ》県の東足利《ひがしあしかが》教習所という所で、十八日間の合宿で運転免許《めんきょ》を取るのですが、生活を一緒《いっしょ》にしていますと、そこに真光をやっている若《わか》い人がいたので、話をしているうちに、だんだん、そういう宗教の話にもなっていったのです。

いちおう、お経《きょう》というか祝詞《のりと》があるのです。これは神道《しんとう》系でよくやっているものですけれども、そこは「高天原《たかまのはら》」と呼《よ》んでいましたが、「高天原になりませる神の御名《みな》は」から始まって、お経というか祝詞は一緒なのですけれども、祝詞をあげながら、「御み霊」という勾玉《まがたま》のようなものをぶら下げて、そして手かざしをするのです。

私はもう霊道を開いたころでしたので、それを受けてみてどんな感じになるかというと、〝ジリジリ熱《あつ》い〟のです。手かざしをされていると〝ジリジリ熱い〟のですけれども、それは天国から来る温かさではないのです。天国から来る温かさではなくて、ジリジリと焼《や》けるように熱いのです。そういう〝ジリジリッと焼けるような熱さ〟が来るので、そこにいる人たちは、これを神の光だというふうに感じているのだろうと思うのだけれども、私の感じから見れば、それは、「焦《しょう》熱《ねっ》地獄」あるいは「大焦熱地獄」といわれる所の熱さなのです。

だから、そこの教祖《きょうそ》が大焦熱地獄に堕《お》ちているのです。生きていたときにも、「火の雨が降《ふ》るぞ」というようなことをずいぶん言っていたような方ではあります。「世紀末《せいきまつ》が来て、火の雨が降る」というように言っていた方ではあるようなのですけれども、そういう〝ジリジリした熱さ〟が来ました。焦熱地獄だと思います。そういうのがある場合もあります。

## 天上界《てんじょうかい》の霊《れい》と悪魔の「指導《しどう》」の違《ちが》いとは

そういうふうな〝ジリジリ焼けるような熱さ〟が来るものもあれば、そうした宗教あるいは信仰をやっていると、今度は、〝ゾクゾクくる寒さ〟が来るもの、身の毛がよだってくる寒さが来るものは、比較《ひかく》的多いのです。

これは悪魔とは限《かぎ》らないけれども、地獄霊《れい》でも来ますが、〝温度が下がってくるような寒さ〟が来るというのは、みなさんがお化《ば》け屋敷《やしき》などで体験されるのと、ほぼ同じです。

これは昔言ったこともあるのですが、次のようなことがありました。

まだ私の兄が健在《けんざい》だったころ、兄も霊道が開けていたので、ちょっと申し訳《わけ》ないのだけれども、悪霊を入れるのは兄のほうを専門《せんもん》にさせてもらって、私のほうは光の天使だけを入《い》れるようにして、やらせていただいていたのです。今は両方やらなくてはいけなくなって面倒《めんどう》くさいのですけれども、兄にはちょっと〝悪霊専門〟で入れさせていただきました。

川島町《かわしまちょう》（吉野川市《よしのがわし》）にある、今の実家の二階には三部屋あって、真ん中の部屋でやっていたのですけれども、悪霊を入れてやっている間に室温が二度下がったのです。実際《じっさい》に、物理的に寒暖計《かんだんけい》の温度が下がったから、寒いと感じたけれども、本当に下がったので、「ああ、本当に温度が下がるぐらい来るんだ」ということは分かりました。

だから、もし、いろいろな修行《しゅぎょう》をやっていたり霊体験をしていたりして、すごい寒さが来たり、ちょっと尋常《じんじょう》ではない熱さというか、焼けるような熱さ、鉄板で焼かれるような熱さとか、釜茹《かまゆ》でにされるような熱さとか、あまりそういうものが来るようでしたら、「これは天上界《てんじょうかい》のものではない」というふうに思ってください。

天上界の霊が降《お》りてきた場合は、本当に、自分が憑依《ひょうい》されていたら、それがパリッと取れるような感じがします。壁紙《かべがみ》を剥がすような感じを受ける瞬間《しゅんかん》があります。そして、ポカポカとした温かさみたいなものが来るのです。あったかい感じです。

逆《ぎゃく》に、悪魔などが来ているときは、胃《い》のなかに鉄の玉、鉄球がドーンと入っているような重さを感じ、胃の鈍痛《どんつう》とか、そういうものが来ることがあります。ほかの人もそういうことは経験したということを聞きますけれども、私が経験したのは次のようなことです。

GLA団体《だんたい》というのが、高橋信次《たかはししんじ》が亡《な》くなって、いろいろなものに分派《ぶんぱ》していって、そのなかで、もう亡くなっていますけれども、千乃裕子《ちのゆうこ》という人が、ちょっと似《に》たような題名の本をいっぱい出していたのです。これは、活字だけ読むと、あまり高橋信次のものと変《か》わらないようなことを書いてはあるのです。

父とか兄とかは、まだ、それを読んでも違《ちが》いがそんなに分からなかったようで、「いいことが書いてあるように思う。愛《あい》と慈悲《じひ》とかいって書いてある。慈悲と愛出版社《しゅっぱんしゃ》とか書いてあるから、いいことが書いてあるよ」というようなことを言って、私のほうに送ってこられたので、読んでみたら、一冊《さつ》の半分も読まないうちに、もう活字がグラグラして読めないし、胃がドーンと重くなって、「これはたまらないな。もう、この本は部屋のなかに持っていられない」ということで、たいへんたいへん申し訳ないけれども、ゴミとして出させていただいたこともあるのです。

悪霊教団等に所属《しょぞく》しておられて、そういう本をいっぱい持っておられる方は、それを部屋のなかには置《お》いておかれないほうがいいのではないかと思います。本でも縁《えん》がついてくるのです。

私の本はどうかというと、まだ在家《ざいけ》だったときですが、『ソクラテスの霊言《れいげん》』（現在《げんざい》は『大川隆法霊言全集　第９巻《かん》』『同　第10巻』〔共《とも》に宗教法人幸福の科学刊〕として刊行《かんこう》）という五巻目が出たとき、名古屋《なごや》のいちばん大きな本屋、あれは丸《まる》善《ぜん》だったか何かですけれども、本屋に積《つ》み上がっているのを昼休みに見に行ったら、積み上がっている本の所から「金色の光」が出ていて、びっくりしました。〝金色の弁当箱《べんとうばこ》〟がダーッと並《なら》んでいるような感じに見えて、「うわ、こんな光が出ているんだ」ということを、そこまで明確《めいかく》に感じたのは、そのときが初《はじ》めてだったのです。

だから、本屋でも、そういう光が出ているものと、地獄的なものが出ているものとが並んでいるのだけれども、それが分からないで買っている人もいるし、別《べつ》のものに惹《ひ》かれる人もいるので、気をつけられたほうがいいかと思います。

## 「日本性悪説《せいあくせつ》」を唱《とな》え、蜘蛛《くも》の巣《す》のように人々を絡《から》め取る統一教会《とういつきょうかい》の誤《あやま》り

あとは、統一教会《とういつきょうかい》には、ちょっと、教団初期の〝話の組み立て〟では当会に似ている面も、あることはあるのです。もう亡くなりましたけれども、「文鮮明《ぶんせんめい》というのがイエス・キリストの再臨《さいりん》で」というような感じで、幸福の科学は「大川隆法は仏陀《ぶっだ》の再誕《さいたん》で」ということで似ているし、最初、私は「原理シリーズ」と

いうことで十回、話をしたので、本を出すときに出版系統のほうから、「『原理、原理』と言うと、ちょっとあそこと間違われる可能性《かのう》があるので、名前を変えたほうがいいのではないですか」とも言われたことはあるのです。

統一教会の基本書《きほんしょ》はほとんどもうなくて、『原理講論《こうろん》』ぐらいしかなく、それに主要《しゅよう》なことが書かれているのですが、「アダムとイブ（エバ）」の話から始まって、「イブがサタンにそそのかされて、アダムが堕落《だらく》して」という感じで地上の人類《じんるい》は堕落したという堕落論です。これから、「天国に還《かえ》らなくてはいけない。エデンにまた還らなくてはいけないのだ。そのための伝道《でんどう》活動なのだ」ということで、それについて語ってあるのが『原理講論』という本なのです。

そして、書かれているのは、「日本はエバの国で、韓国《かんこく》はアダムの国だ。日本というエバに悪魔が入って、それにそそのかされて韓国がこんなひどい状態《じょうたい》になった」というようなことで、韓国ではわりあい人気がある教えなのですけれども、いまだに「日本性悪説《せいあくせつ》」をずっと言い続《つづ》けています。

もう百年も前の話をずっと言っていて、「戦前《せんぜん》の○○財閥《ざいばつ》の△△重工で徴用《ちょうよう》された」とかいうような話で「金を払え」とか言っているのがいまだにいますけれども、根底《こんてい》には、こんな考え方を民族《みんぞく》的に持っているのです。

「エバの国の日本に騙《だま》された。日本にサタンが入ったので、それで騙されて、こんなひどい朝鮮半島になったから、日本はその苦しみを受けて反省することで、罪《つみ》が許《ゆる》されるのだ」ということです。

だから、「日本人の女性はもう動物と一緒なのだ」という感じです。「畜生《ちくしょう》と一緒なので、誰《だれ》でもいいから引っ張ってきて、集団結婚《けっこん》みたいなのをさせても、別に何の罪でもないのだ」ということです。

また、「日本はエバの国であるから、日本から金を吸《す》い上げることはいいことなので、日本からできるだけ金を巻《ま》き上げろ」というようなことです。「そして韓国に持ってこい」というような教えです。

だから、最後のほうは、もう「教え」や「売るもの」がほとんどないので、教祖は「石ころでも金に換《か》えろ」とか、あるいは、横断《おうだん》歩道がある交差点《こうさてん》の所では、かわいそうに、花売り娘《むすめ》みたいな若い日本人の女の子が、カーネーションみたいなのを売って、お金にしたりするのです。ちょっと事故《じこ》になりそうな怖《こわ》い所でやったりしているけれども、「何でもいいから、日本人から血を吸うように金を巻き上げて韓国に送れ」という感じです。

この思想でもって日本を敵《てき》にすることで、北朝鮮との分裂《ぶんれつ》ももう一回回避《かいひ》して、「共通《きょうつう》の敵・日本のエバからサタンを叩《たた》き出して救《すく》われることで、エデンに還れるのだ」というような感じの宗教です。だから、わりあい、向こうではそんなに悪く言われなかったものではあるのです。

統一教会は「自民党《とう》とも癒着《ゆちゃく》があって、選挙《せんきょ》のときに応援《おうえん》したり、秘書《ひしょ》を送り込んできたり、お金をもらったり、いろいろしている」というので、マスコミにずいぶん叩かれました。昔からずっとやっていることで、要所要所に入り込んでくるのです。

ただ、かわいそうなのは、それを信仰してなかに入っている人自体には、〝純《じゅん》粋《すい》な気持ちを持っている〟人がわりに多いことです。それがかわいそうかなと思っています。

政治家《せいじか》のところにも送り込んでいますけれども、渡部昇一《わたなべしょういち》先生なども、小さい子供が三人いたので、家の手伝《てつだ》いをしてもらわないといけないということで、手伝いに来てくれた女の子が統一教会の人だったらしいのです。

十代後半ぐらいから来てくれて、十年ぐらい家にいたらしいのですが、昇一先生がおっしゃるには、「実に献身《けんしん》的な感じでやってくれる。献身的で、そして、人が見ていない所で、本当に、ちっちゃなクッキーでもかじるようにご飯《はん》を食べているような感じで、自分たちにとってはすごく役に立った」ということでした。子供たちが中学に上がったら辞《や》めてもらったらしいですけれども、たぶん、統一教会は勝共連合《れんごう》をやっているから、「使える」と思って狙《ねら》って、そういうところ、要所要所に送り込んでくるのだと思うのです。

政治家のところにも送っていると思うのですが、「選挙のときに、法定数が決まっている秘書以外《いがい》に送って手伝う」ということです。そういうのをやっているのだと思うのです。

だから、「いいことをしている」と思ってやっているし、なかにいる人はそういう、純粋そうに見える人も多いのです。

私も、アメリカに行ったときに――統一教会の英語名《えいごめい》は何と言うか知らず、「ユニフィケーション・チャーチ」か何かとかいうのだったと思うのですが――マンハッタンの街角《まちかど》で呼び止められました。日本語をちょっとしゃべるおばさんが、「知《ち》・情《じょう》・意《い》」とか言って何か言い出したから、「えっ、『知・情・意』って、なんでアメリカ人がこんなことを知っているんだろうか」と思いながら、「話をしませんか」という感じで誘《さそ》われました。

金曜の夕方だったのか土曜日だか分かりませんが、夕べの集《つど》いのようなものがあって、「簡単ですけど、お食事なんか食べて、みんなで話し合うんで。キリスト教です」と言うから、「キリスト教の勉強もしてみてもいいかな」と思いました。マンハッタンのど真ん中で、五十丁目前後辺《あた》りだったように思うのですが、「知・情・意」とか言って、「これが大事です」みたいなことを言われたから、間違ってちょっとついていって、入ってしまったのです。

なかに入ってしまうと、もう一人いて、板前さんがつかまっていました。日本人の板前さんで留学《りゅうがく》している人がいて、二人でやったのです。

私が相手をしていて、五時間ぐらいやったでしょうか。夕方から五時間ぐらいやりましたが、もうしかたがないので、こちらももう外の〝着物〟を脱《ぬ》いで〝鎧《よろい》〟になって、「実は私だって霊能者なんだ。分かるんだ」と言って、霊能の異《い》言《げん》とかをやってみせたりしたら、向こうも、「チッ、ああ、知ってる。それ、知ってるよ」というような感じになって、急に態度が変わってきて、話をしたのですけれども、私が相手をしている間に、つかまっていた板前は逃《に》げ出して私一人になったのです。

「住所と名前と電話番号を書いてくれ」と言うのだけれども、「これはちょっと〝やばい〟かもしれない」と思って、電話番号は書かないで住所を書いたのですが、はがきがよく来ていました。

あとは行っていませんが、確《たし》かに、会った人の感じが優《やさ》しいのです。一見、優しくて、とても親切そうな感じがするし、「すべての宗教は一つにならなくてはいけない」というようなことを言っているから、いいことを言っているようにも見えるのです。

だけど、やり方が、例《たと》えば「手相を見る」とかから始まって、いろいろな若干《じゃっかん》詐欺《さぎ》まがいの導入《どうにゅう》を使うのです。そこにいた日本人の女性も、手相を見たりしていました。言うことも決まっていて、「あなたは頭のいい人ですね」というようなことを言うのです。ニューヨークに日本の企業《きぎょう》から来ているのはエリートたちが多いですから、「頭のいい人ですね」と言うと、だいたい当たっているので、そのあたりからほめ上げて入ってくるのです。親切そうで優しいのですけれども、

「かわいそうだな」と思いつつも、もうどうしようもないのです。

だから、「ジリジリした熱さ」とか「寒さ」とかではないのです。〝緩《ゆる》やかな感じ〟の、〝一見ほわっとした感じ〟に見えるのですけれども、だんだんに蜘蛛《くも》の糸にかかって蜘蛛の巣《す》に絡《から》め取られて捕《つか》まっていくような感じです。だから、巣にかかって絡め取られたら、スルスルッと蜘蛛が出てきて、最後、獲物《えもの》を捕《と》らえるという感じのやり方です。

## 宗教や政治《せいじ》でも「目的《もくてき》」「動機《どうき》」「手段《しゅだん》」「過程《かてい》」「結果《けっか》」の正しさが問われる

統一教会がよくないと思うのは、次のようなことです。

例えば北海道辺りで仏教系の別の名前の団体をつくったりして、そこで数珠《じゅず》とか壺《つぼ》とかをつくって高額《こうがく》で売ったとかいうのを、「霊感商法」の団体として追及《ついきゅう》されたりしていますけれども、こういう、教団名を偽《いつわ》ったり、姓名判断《せいめいはんだん》だとか手相だとか、いろいろな言い訳とか、仏教的な方法から攻《せ》めたり、いろいろなことをして、詐欺的な手段《しゅだん》を使いながらでも「結果《けっか》がよければいいんだ」というような感じでやっていくところに、やはり間違いがあると思うのです。

そういうところ、やはり、「人を騙したりしても構《かま》わない」と言っているところに間違いがあると思うのです。このへんはちょっと分かりにくいとは思うけれども、「結果」がよくても「手段」が悪いと、やはり駄目《だめ》です。

共産主義《きょうさんしゅぎ》でもそうです。

毛沢東革命《もうたくとうかくめい》を見ても、「毛沢東革命が起きて、中国全土がそれで占拠《せんきょ》できて、そして、大帝国《だいていこく》ができて、中国が国を取り戻《もど》した」というようなところでは、英《えい》雄《ゆう》みたいに見えるけれども、やはり武力《ぶりょく》革命なのです。「銃口《じゅうこう》から革命は生まれる」、要するに、「人を鉄砲《てっぽう》で殺して、革命は生まれて、成功《せいこう》するのだ」というような考えですけれども、「人を殺してでもいい。手段は構わない。結果が、目的《もくてき》が正しければいいんだ」というような感じのなかに間違いが多いし、大勢《おおぜい》の人が、何千万人の人が飢《う》え死にしたりしたこともありました。

だから、やはり「目的」が正しいことは当然《とうぜん》ですが、「手段」もやはり正当でなければいけないし、「動機《どうき》」も正しくなければいけないのです。

幸福の科学でも、「正しい動機を持って、正しい適切《てきせつ》なやり方の範囲《はんい》内で、適正な結果を持ち来たらす」ということです。

奇跡《きせき》で病気が治《なお》ったりもしますけれども、全員が全員、治せるわけではありませんので、これも度を越《こ》せば間違いになります。

某《ぼう》宗教（生長《せいちょう》の家《いえ》）などでは、「本を読むだけで病気が治る」というようなことを、ずいぶん宣伝《せんでん》していたところもあります。そういう場合もありますが、治らないものもあります。だから、奇跡が起きれば、それはありがたいことですけれども、あまりそれを詐欺的に使ってはならないのです。

また、当会は「植福《しょくふく》」と言っていますが、「献金」とか「喜捨《きしゃ》」とか「布施《ふせ》」とか、いろいろな言い方があると思うのです。それを、例えば教会とか神社仏閣《ぶっかく》にすること自体はいいことです。もともとイエスも金儲《かねもう》けはうまくなかったし、仏陀もお金儲けを言っているわけではないので、そういうふうな布施を受けて生活をしておりましたから、ありがたいことではあるし、布施そのものも尊《とうと》いのですけれども、間違ったことをやっていて、あるいは、間違った目的のために、布施を集めているとかいうことになりましたら、反省しなければいけないのです。

このへんのところです。

だから、「動機」、それから「手段」、それからその「過程《かてい》」、それから「結果」、あるいは「目的」、これがずっと一貫《いっかん》して正しいかどうか、やはり見る必要《ひつよう》はあるのではないか。やっている人で、気が狂《くる》うような人がいっぱい出てくるようだったら、「ちょっとおかしい」と思わなければならないということです。

## 「悪い運命が崩壊《ほうかい》して、結果《けっか》がよくなってくる」との光明《こうみょう》思想を謳《うた》う白光真宏会《びゃっこうしんこうかい》の間違《まちが》い

「病気治しをする」という某宗教などでも、悪い状態が出てきたら、「悪いもの

が出るというのは、よいことになる前兆《ぜんちょう》、前触《まえぶ》れなのだ」という感じ、「熱が上がれば次は下がるものだ」という感じで、「発熱した」と言ったら、「それはもう、よくなる前兆です」というような言い方をするところもあるのです。

生長の家から分かれてきた某宗教は、最初は当会を友達《ともだち》だと思って、向こうの機関誌《きかんし》とかを献本してくれたりしていたのですけれども、『谷口雅春《たにぐちまさはる》霊言集』(現在は『大川隆法霊言全集 第17巻』『同 第18巻』〔共に宗教法人幸福の科学刊〕)のなかで、「生長の家の地方講師《こうし》をやっていた者が独立《どくりつ》して、白光真宏会《びゃっこうしんこうかい》を立てたけれども、地獄に堕ちている」というようなことを谷口雅春が言っていたので、怒《いか》り狂って、今度は「谷口雅春と大川隆法は呪われよ。地獄へ堕ちろ」という感じのものが来て、ちょっと〝逆〟になったのです。

ある程度まで教えには似ているところがあるのです。だけど、どこかでちょっと加減《かげん》が違《ちが》えば、〝行《い》って〟しまうのです。

だから、「悪人正機説」と一緒で、悪人でも救われるが、「悪人をやればやるほど救われる」というような話になれば間違ってくることになるように、〝運命のケミカライゼーション〟という教えが生長の家のなかにあって、「悪い運命が崩《ほう》壊《かい》するときに、一時期、事態が悪く見えるときもあるけれども、そのあと結果《けっか》はよくなってくるのだ」というようなのが光明《こうみょう》思想としてあるのですけれども、この言い方だったら、すべて言えるでしょう。

仕事がうまくいかなくても、病気になっても、人間関係がうまくいかなくなっても、「それは、よくなる前の、運命が崩壊していくもので、運命が化学的現象《げんしょう》、触媒《しょくばい》現象を起こして、今、起きているのだ。そのあとはよくなる」ということですけれども、これを単純に言いすぎたら、これは間違いになることもあります。

自分が原因《げんいん》で人間関係が悪くなっていることもあるし、病気だって、原因があってなっているものもありますから、それは治さなければいけないし、経営《けいえい》が失《しっ》敗《ぱい》するのだって、たいてい、もうちょっと経営の上段者から見れば、「潰《つぶ》れるべくして潰れている」という当たり前のことがいっぱいあるのだけれども、「本人には分からないだけ」ということがあるので、「運命のせい」にしてはいけないし、それは「カルマの崩壊」とだけ捉《とら》えてもいけないと思うのです。

## 4　悪魔《あくま》との戦《たたか》いには「この世的な常識《じょうしき》」と「縁起《えんぎ》の理法《りほう》」が必要《ひつよう》

ちょっと他宗《たしゅう》のことまで入ってしまったので、若干《じゃっかん》、問題はあるかもしれませんけれども、「悪魔《あくま》との戦《たたか》い」を語るに当たっては、どうしても、宗教団体《だんたい》に巣《す》くっている悪魔のことも言わなくてはいけないのです。

例《たと》えば、仏教系《ぶっきょうけい》だって、先祖供養《せんぞくよう》も大事なことであることは間違《まちが》いないのだけれども、「先祖供養さえすれば、すべて運命が好転《こうてん》する」というか、「自分の悪《あ》しきカルマが全部救《すく》われる」というようなことを言うと、ちょっとこれは嘘《うそ》になります。自分自身が原因《げんいん》をつくっているものがあるからです。

全部、親などのせいにし、「父親、母親や、お祖父《じい》さんやお祖母《ばあ》さんが不成仏《ふじょうぶつ》の霊《れい》で、自分の不幸の原因は全部そこから起きているのだ」という言い方をすることもあるのだけれども、影響《えいきょう》している場合はあります。家に居座《いすわ》って取り憑《つ》いたりすることもあるし、代々、同じ死に方をするようなところもあるのです。三代続《つづ》いて交通事故《じこ》で死ぬとか、三代続いて焼《や》け死ぬとか、あるいはガンに罹《かか》るとかです。

だから、そういうのを捉《とら》えて、「ガンの因縁《いんねん》だ」とか、「事故死の因縁だ」とか、いろいろなことを言って、先祖のせいにする宗教等もあるのです。

それが子孫《しそん》に頼《たよ》ってくることがあるのは当然《とうぜん》なのですけれども、自分自身の人生に関《かん》しては、自分で反省《はんせい》して直せるところは直していかなくてはいけなくて、そして、「光が出る」、「後光《ごこう》が出る」ようなレベルになって初《はじ》めて、要《よう》するに先祖を供養するための法力《ほうりき》が出てくるのです。ちょっとでも出てくるわけで、その光を受けて先祖も悟《さと》っていくようになります。

あるいは、プロの修行《しゅぎょう》をして、ちゃんとそうした法力を使えるような人たちに、そういう不成仏霊を払《はら》ってもらうことも大事かもしれませんけれども、何分《なにぶん》にも、いろいろな教えもあるし、いろいろなやり方もあります。

ただ、ある意味で、左脳《さのう》というか、「この世的な判断能力《はんだんのうりょく》」が少し低《ひく》い人の場合は失敗《しっぱい》が多いので、気をつけていただきたいなと思います。「この世的な常識《じょうしき》」も、ある程度《ていど》は知っておいたほうがいいし、「縁起《えんぎ》の理法《りほう》」「原因・結果《けっか》の法則《ほうそく》」についても、ちゃんと勉強はしておいたほうがいいというふうに私は思います。

話は以上《いじょう》とします。

# 第5章

# 救世主《きゅうせいしゅ》からのメッセージ

――地球の危機《きき》を救《すく》うために

## 1 今、かつてない危機《きき》にある地球

コロナウィルスによる人類《じんるい》への「恐怖心《きょうふしん》」の広がりや「大きな戦争《せんそう》」の危機「地獄《じごく》の法《ほう》」に関《かん》して語ってまいりましたが、最終章《さいしゅうしょう》ということで、「救世主《きゅうせいしゅ》からのメッセージ」として言いたいことを述《の》べたいと思っています。

今、地球は非常《ひじょう》な危機《きき》にあります。「かつてない厳《きび》しさ」を感じています。というのも、私がこの救世活動を始めたころには、世界人類《じんるい》は約《やく》五十億《おく》人程度《ていど》でしたけれども、今、もう約八十億人ほどの人口を抱《かか》えております。「三十億人もの人口が増《ふ》えた」ということです。

しかしながら、わが説《と》く教えはまだまだその三十億人にも届《とど》いていないというのが現実《げんじつ》です。一進一退《いっしんいったい》を繰《く》り返してはおりますが、大きな流れとして、西暦《せいれき》二〇二〇年代の現在《げんざい》を見るかぎり、人類の危機は深まっていると言わざるをえないと思います。

一つには、地球を覆《おお》うところのコロナウィルスによる、人類への「恐怖心《きょうふしん》」の広がりです。現時点で約六億人ぐらいが罹《かか》っておりますが、まだまだ新しいウィルスが何種類《なんしゅるい》も出てくる予定であるので、人類全体にとっては、そうとうな脅威《きょうい》になるだろうというふうに思います。

これも、ある国が起こしているかどうか、信《しん》じない方もいらっしゃいますが、たとえ自然《しぜん》に発生したものだと考えるとしても、地球意識《いしき》として、地球の表面に住んでいる八十億人の人類に対して、あまり望《のぞ》ましいと思っていないということの結果《けっか》ではないかというふうに考えます。

それ以外《いがい》に、約八十年の、第二次大戦《たいせん》からの「平和の時代」もありましたが、これが終わろうとし始めています。

この八十年の間に幾《いく》つかの小さな戦争《せんそう》はありましたけれども、まだ、世界を揺《ゆ》るがすほどの大きな戦争にはなってはおりませんでしたが、今、これから始まろうとしているものは、人類の叡智《えいち》を結集して乗り越《こ》えないかぎり、致命的《ちめい》なものになるのではないかと思います。

およそ、この地上において人口が増えたときには、必《かなら》ず戦争が起きるようになっています。過去《かこ》の歴史《れきし》を見るかぎり、「食料《しょくりょう》を求《もと》めての戦争」、「エネルギーを求めての戦争」、あるいは「資源《しげん》を求めての戦争」等が起きるようになっています。

例《たと》えば、水資源を求めてでも戦争は起きます。その他、穀物《こくもつ》や、あるいは石油や石炭や天然《てんねん》ガス、原子力等をめぐっても争《あらそ》いは起きるだろうと思います。

そういうことで、人口が増えることはいいこともあるけれども、争奪《そうだつ》戦というものが起きて、どうしても、味方を増やし、敵《てき》を減《へ》らそうとする戦《たたか》いが起きやすくなります。これについては、人類自《みずか》らが歴史に学んでいただいて、今後に役立てていただく以外、方法はないかもしれません。

## 法律《ほうりつ》が神になって支配《しはい》し、「人間の家畜化《かちく》」「善悪《ぜんあく》の逆転《ぎゃくてん》」「国家間の紛争《ふんそう》」が起きる

あともう一つは、今、地球は幾つかの「イデオロギー」、あるいは「思想」、「信条《しんじょう》」によって、国の群《む》れが分断《ぶんだん》されている状態《じょうたい》になっています。

アメリカの発信する考えによれば、大まかには「民主主義《みんしゅしゅぎ》 対 専制《せんせい》国家の戦い」ということになるわけですけれども、ただ、この基準《きじゅん》は十分ではないでしょう。両側《りょうがわ》に問題がまだ残《のこ》っているからです。

民主主義国家のなかにも、無神論《むしんろん》・唯物論《ゆいぶつろん》は着実に広がっております。ですから、民主主義国家でないと思われる国と通底《つうてい》しているものとして、科学万能《ばんのう》主義的な意味における唯物論があると思われます。

民主主義が肯定《こうてい》されるのは、いちおう、神を信じて、神の子としての人間の良《りょう》心《しん》に基《もと》づく自覚《じかく》的行動で物事を決めていくということがあるからです。また、民

主主義とともに発達《はったつ》してきた法治《ほうち》国家においても、やはり、「法によって治《おさ》める」ということの根源には「神仏《しんぶつ》による教え」というものがなければならないものですけれども、神仏への信仰《しんこう》なく、神仏の教えを聞くことなく、人間だけの話し合いと議決《ぎけつ》で法律《ほうりつ》をつくり、法律が神になって人々を支配《しはい》する世の中になっています。

さらに懸念《けねん》される事態としては、この法治国家を維持《いじ》するに当たって、AI等による監視《かんし》主義を根本《こんぽん》に据《す》える国が増えてきているということです。

もちろん、機械類《きかいるい》を、人間や社会を便利《べんり》にするために使うことに反対しているわけではありませんが、残念《ざんねん》ながら、「目的《もくてき》のための手段《しゅだん》」であったところのそうした機械類の発展《はってん》が、逆《ぎゃく》に「目的」になってしまって、〝人間を統制《とうせい》する手段〟に堕《だ》しているという現状があります。

これは、人口の増加《ぞうか》とともに、その比重《ひじゅう》が増《ま》しています。AIによって人間を管理《かんり》する。そして、人間が、人間自身がつくった法律によって、機械を通して支配される時代が始まっています。

これは、ある意味で、「人間の家畜化《かちく》」に近いものが始まっているということです。

もう一つの問題としては、この法治国家の思想が、国別《くにべつ》に法律をつくる権能《けんのう》があるために、どうしても「敵・味方に分かれやすい」ということであり、「敵・味方に分かれた国としての法治主義は、善悪《ぜんあく》が逆転することも多くなる」ということです。

自分の国の正義を世界に貫《つらぬ》こうとすれば、「他の国にとっての悪」になるケースが出てきております。どこの国も自分一国が成《な》り立つような法制度をつくりたがる傾向《けいこう》があるので、他の国の法制度とは必ずしも合わなくなってきます。

非常な危機です。十六、七世紀《せいき》ごろから始まった、近代以降《いこう》の政治《せいじ》システム、行政システムの弱点が現《あらわ》れてきつつあるということだと思います。

また、こうした国内的な法治システムを国外にも広げようとする考えのなかに、

「軍事的《ぐんじ》な紛争《ふんそう》」や「経済的《けいざい》な紛争」も起きるようになってきております。

ある国が自分の国の税率《ぜいりつ》をどのように定めるかということは、その国の主権に属《ぞく》することかもしれませんが、世界の他の国との関係において、どのような税率を採《と》るかというようなことになってくると、ここは交渉《こうしょう》の余地《よち》があり、話し合いの余地があるものです。けれども、独裁《どくさい》的な考え方にあまりにも染《そ》まりすぎますと、そうした協調《きょうちょう》はできなくなってくるものだというふうに思っています。

ですから、人口が増えることによって国家間の紛争は多発しますが、国家間の紛争を解決《かいけつ》するために、今度は「軍事力の増強」が起き、さらに、「経済力の増大」のための競争《きょうそう》が起きるようになってきております。

「軍事力」と「経済力」が拡大《かくだい》した国は、たいていの場合、侵略《しんりゃく》主義的なものの考え方を持つようになって、近隣《きんりん》の弱小国を呑《の》み込《こ》んでいくようになります。

さらには、似《に》たような考えを持つ国との連盟《れんめい》、連合を進めて、さらに大きな国の集団《しゅうだん》との衝突《しょうとつ》を始めようとするようになっていきます。現代とは同じとは言えませんが、過去にもそのようなものはあったと言えるでしょう。

今、最《もっと》も懸念されることは、地球上に、あるいは国連の常任《じょうにん》理事国と幾つかの国に核兵器《かくへいき》が現実に存在《そんざい》するということだし、また、それを所有する国が増えていくかもしれないということです。

この「核兵器の問題」は、法治主義や民主主義という枠《わく》を超《こ》えて、国対国の勢力《せいりょく》図式を変《か》えてしまうところがあります。

例えば、人口二千万人しかない国家において核武装《ぶそう》がなされた場合、それも、他国攻撃《こうげき》用の核装備《そうび》がなされた場合、相手の国が一億人、三億人、あるいは十億人いたとしても、相手側に核装備がなければ、一方的に優位《ゆうい》に立つことができることになります。そのように核兵器そのものは、民主主義とか法治主義を超えた、〝もう一つの力〟を持っているということです。これについてどう対処《たいしょ》するか、今、人類の智慧《ちえ》が試《ため》されているところです。

さらにまた、「民主主義」から「法治国家」、そして「議会制」という、現代において先進国に普通《ふつう》に採られているシステムそのものも、人口の増大によって、マスメディアに依拠《いきょ》しなければ物事の情報《じょうほう》と判断《はんだん》がつかなくなってきています。

そのマスメディアの「正しさの基準」はどこにあるのか。何を推《お》し進め、何を押《お》しとどめようとしているのか。これが、会社ベースのものの考え方になってきていて、国家間の紛争を推し進める力にもなっています。

マスメディアに神仏の声が届かない時代にもう入っています。

## 2 地球を「悪魔《あくま》の星」にしてはならない

### 地上は魂修行《たましいしゅぎょう》をするための学校として許《ゆる》されている

こうした問題の多い現代《げんだい》にあって、「何をどうして、どういう結果《けっか》を導《みちび》くか」ということに関《かん》しては幾《いく》つかの選択肢《せんたくし》はありますが、結論《けつろん》的に言うと、いずれにしても「厳《きび》しい結果を迎《むか》えることになるかもしれない」ということです。

そもそもの議論《ぎろん》を忘《わす》れている八十億《おく》の人類《じんるい》に対して、何が正しいかを教えることは、難《むずか》しいことです。

この地上というのは、あくまでも、魂《たましい》が生まれ変《か》わって魂修行《しゅぎょう》をするための学校として許《ゆる》されているところであって、この地上ですべてが完結《かんけつ》しているものではありません。

しかしながら、この地上において、自分たちの幸福・不幸《ふこう》を完結させ、さらに、この地上において、どの国が幸福かあるいは不幸かということを、決定づけようとしている現代の流れのなかで、「何が正しいか」については、「この地上を離《はな》れた世界」「天上界《てんじょうかい》」あるいは「神や仏《ほとけ》といわれる崇高《すうこう》な存在《そんざい》」から見ての正義《せいぎ》が、この地上にも反映《はんえい》されるべきであるという考えが抜《ぬ》け落ちています。

ですから、国においては、「議会でつくった法律《ほうりつ》」が正義ですし、国対国を挟《はさ》んでは、「国際《こくさい》的な条約《じょうやく》」や「国際法」や、あるいは「交渉《こうしょう》の取り決めごと」

が正義ということになっています。

そして、最終的《さいしゅう》には、国際的な正義も「武力《ぶりょく》」によって担保《たんぽ》されていることになります。武力の強いところには逆《さか》らえないということです。

こういうことを考えますと、今、例《たと》えば言論や表現の自由を通しての平和的なPRをしたところで、武力によってそれを制圧《せいあつ》しようとするところが出てきたならば、これに勝てない状況《じょうきょう》にはなってきているのではないかと思います。

「〝独裁《どくさい》のスタイル〟そのものは、もともと、天上界のヒエラルキーのスタイルから見れば、上に行くほど数が少なくなってくる」のは当然《とうぜん》のことなのですが、地上において、地上の人間が〝神になり代わって人類を支配《しはい》〟するようになってきますと、どうしても、そのなかに、自分の利益《りえき》を優先《ゆうせん》し、他を犠牲《ぎせい》にするものの考え方が入ってきやすくなります。

あるいは、「強ければ勝ち、弱ければ負ける、弱肉強食《じゃくにくきょうしょく》の世界こそ真理」と考える者も数多く出てきます。この弱肉強食の考え方は、動物界、自然界において普通《ふつう》に見られることではあるのですけれども、「魂の修行場《ば》としてのこの地上においてて、そういう考え方が本当に正しいのかどうか」ということは、振《ふ》り返って、深く考えざるをえないところだと思います。

## 「地上への生まれ変《か》わりのシステム」が止まる可能《かのう》性が出てきている危機《きき》

今、私の最《もっと》も憂《うれ》いていることは、「八十億人に膨《ふく》れ上がった地上人口がやがては地上を去ることになるが、その大部分が天国・地獄《じごく》も知らず死んでいくことになって、はたしてよいのか」ということです。

そして、霊界《れいかい》においては、「地上でみんなが使いたがっている機械類《きかいるい》は、原則《げんそく》ないのだ」ということを知らなければいけません。「霊的な思考と行動しかないのだ」ということ、「思い即《そく》行動であるのだ」ということです。

そういう世界に移行《いこう》したときに、機械に寄《よ》りかかった人生、あるいはライフスタイル、あるいは世界の組み立てが崩壊《ほうかい》するのです。そうした「何らの機械もない世界において、個人《こじん》の魂として何ができるか」ということを教わっていない人たちが数多く、今、暗い世界に堕《お》ちていっています。

ある意味においては、もう限界値《げんかいち》に達《たっ》しつつあると思われます。民主《みんしゅ》主義的な考え方をもってしても、もし地獄界人口が、「人類の総累計《そうるいけい》の魂」の過半数《かはんすう》を超《こ》えるようなことになったとしたら、善悪《ぜんあく》の価値観《かちかん》がこの地球においては逆転《ぎゃくてん》するということもありえます。

「そうすればどうするか」ですけれども、極《きわ》めて厳しいことになってきます。神の言葉を聞かずに、悪魔《あくま》の言葉を聞く人たちの数のほうが増《ふ》えてくるということなのです。

この三次元世界という現象《げんしょう》世界は、天上界よりもはるかに地獄界というところに近い世界になっています。というのも、もともと、天上界の魂が、この地上界の物質《ぶっしつ》的波動《はどう》に慣《な》れすぎて、あの世でもそういうふうにしか生きられなくなったために、地獄世界ができてきたからです。

それがどんどん増えてきているということは由々《ゆゆ》しい事態《じたい》であって、これをなくすために、数多くの救世主《きゅうせいしゅ》を過去の歴史《れきし》のなかで地上に派遣《はけん》したし、また、救世主を助けるべき、大天使、天使、如来《にょらい》、菩薩《ぼさつ》たちも数多く派遣してきましたが、「言論の自由」や「思想の自由」のなかに埋《う》もれて、何が正しくて何が間違《まちが》っているかが分からなくなってきています。

また、間違ったもののほうがより多くの人に好《この》まれたりすることも起きてきて、間違った考え方を説《と》いた人たちがこの世的に「地位《ちい》」や「名誉《めいよ》」を得《え》て、正しいことを説いた人たちが「この世的に認《みと》められないこと」も数多く出てきております。

そこで、何らかの「悔《く》い改《あらた》めのポイント」が出てくるということだと思うのです。ですから、もうすでに始まってはおりますが、人類にとっての苦難《くなん》の時代がしばし続《つづ》くであろうと思います。

この「しばし続く」というのは、そう長い射程《しゃてい》は持っておらず、せいぜいここ

二、三十年の間にだいたいの方向は決定されるというふうに見ています。

「天上界的な価値観あるいは神仏《しんぶつ》の思われる価値観」と正反対の価値観で地上世界が統治《とうち》され、そしてそれが地獄界と直通のかたちになっていくときに、「地球意識《いしき》」も、そして「神仏の心」も、この地上での魂修行を終わらせねばならないときが来るということです。

ですから、地上を浄化《じょうか》するために、一時期、人類の「地上への生まれ変《か》わりのシステム」が止まってしまうことはあるということです。

どういうかたちで「地上への生まれ変わりのシステム」が止まるかということですが、これは、考えつくかぎりの、人類の生存を不可能《ふかのう》にするような出来事が続くということです。

これはすでに地上の人類も気づきつつはあることだと思いますが、「疫病《えきびょう》の流行」や「戦争《せんそう》」や「食料《しょくりょう》不足」、「異常《いじょう》な高温」あるいは「低温《ていおん》」、さらに「台風」、「洪水《こうずい》」、また「未知《みち》なる現象」等が数多く襲《おそ》ってくるかもしれません。

今、私がみなさまがたに述《の》べておかねばならないことの一つは、こうした地獄界の働《はたら》きも地上・現象界に影響《えいきょう》を与《あた》えていますが、地獄界にはまた〝この地球ならざるもの〟も入り込《こ》んでいるということです。これは、残念《ざんねん》ながら、地上の人類にとってはまったく理解《りかい》できていない事柄《ことがら》です。

そもそも、宇宙《うちゅう》的存在があるかどうかさえまだ分からないレベルで、宇宙全体から見れば、人類型《がた》生存をしている者たちから見れば、まだ地球は極めて低レベルなところにいるので、「宇宙からの影響や介入《かいにゅう》ということに対して、あまりにも無知《むち》である、あまりにも抵抗力《ていこうりょく》がなさすぎる」ということです。

ですから、宇宙存在のなかに、地球の指導者《しどうしゃ》に対して影響力を行使している者たちがいるということです。もちろん、よい意味で影響力を与えている者もいますが、悪い意味において影響力を与えている者がいるということです。この力が加速《かそく》してきています。ですから、〝地球産《さん》の地獄の悪魔〟だけの力ではもうなくなってきていて、宇宙のなかの暗黒のパワーが影響し始めているということです。

「これをどのように抑止《よくし》するか」という、次の段階《だんかい》の問題まで出てきております。

一つの考えは、「そうした宇宙の暗黒のパワーが依《よ》り代《しろ》とする、要《よう》するに、乗り移《うつ》ったり、その考えを体現しようとしたりする〝指導者たちあるいは国民たち〟を持っている国」に対して、危機《きき》的な状況を起こして、その体制を崩壊させるということです。

このかたちも一つにはありますが、これだけで終わるものではありません。この地上におけるそういう国家の体制が崩壊したとしても、地獄界にそれが移行されることになり、地獄界の勢力《せいりょく》の拡大《かくだい》にはつながるので、これもまた「地獄 対 天上界」の引力の引っ張《ぱ》り合いということになります。

地獄界の勢力そのものが多くなりすぎると、天上界と地獄界とがそのバランスを崩《くず》すことになります。

例えば、「許し」という言葉一つを取っても、そうです。「どのような悪を犯《おか》しても、どのような犯罪《はんざい》を犯しても、どのような心や行いをなしても、すべてを許す」という考え方もあろうとは思うのですけれども、そうであれば、いかなる悪人も地獄に行くことなく全部天国に行けるということになり、それは、「天国そのものが今度は地獄に変わってくる」ということになるわけです。

だから、「警察《けいさつ》と暴力団《ぼうりょくだん》が混在《こんざい》するか、あるいは逆になったら、どうなるか」を考えてみればいいということになると思います。歴史的には、そういう独裁者が生まれる国家においては、ときどき、そういうことは起きております。その結果、人々の幸福を願《ねが》わない社会の姿《すがた》が現《あらわ》れてくるということになります。

そして、転生輪廻《てんしょうりんね》のシステム自体は、その場合、もう崩壊する可能性は高いというふうに言えると思います。

おそらくは、本来、地獄界で責《せ》め苦《く》を受けて、処罰《しょばつ》を受け、あるいは治療《ちりょう》を受けている魂たちが、そういう過程を経《へ》ることなく、死んだあと、生きている人間の肉体をそのまま操《あやつ》るようになってくるであろうと思うのです。

そうすると、「転生輪廻のシステム」そのものがもう壊《こわ》れてしまって、肉体のなかに永遠《えいえん》にパラサイト（寄生《きせい》）し続ける魂というのが出てくることになるわけです。地上の肉体が滅《ほろ》びても、それに寄生していた魂が〝次の肉体〟に移動し、そして、取り憑《つ》かれていた肉体の魂もまた悪霊《あくりょう》と化して、〝次の肉体〟に取り憑いていくということです。

そういうことになって、天上界からの生まれ変わりは極めて困難《こんなん》になってくると言わざるをえません。

「世界皇帝《こうてい》」が出現《しゅつげん》し、神仏《しんぶつ》を信仰《しんこう》する民族《みんぞく》や国家を滅《ほろ》ぼす可能《かのう》性も

理想的なことを言うとするならば、今われわれが説いているところの仏法真理《ぶっぽうしんり》というべきものを全世界に広げて、全世界の人たちに理解し、行動の指針《ししん》にしていただくことが大事ですが、数的なもので見るかぎりは、そう簡単《かんたん》なことではないというふうに思います。

これから天上界の警告《けいこく》が数多く出ますけれども、それを「天上界からの警告」

と理解しない人類が多いのではないかということをも恐《おそ》れています。「単なる偶《ぐう》然《ぜん》」「単なる自然現象《げんしょう》」、そういうふうに思う人がたぶん多いだろうと思っています。

そして、「本当の権力《けんりょく》は、地上の警察や、あるいは軍隊《ぐんたい》が持っている。警察や軍隊を自由にできる者こそが権力者で、それが現代における現人神《あらひとがみ》的神である」というふうに考える人が増えてくることを恐れております。

しかし、神は優《やさ》しいだけでなく、厳しい側面《そくめん》も持っていますから、間違ったものに対してはそれなりの代償《だいしょう》を払《はら》わせるつもりであります。

例えば、原爆《げんばく》が二個、かつての日本に落とされましたけれども、その記憶《きおく》を持っている者は、日本人とそれを理解する一部の人たちであって、他の国には落とされていないわけですから、核《かく》の削減《さくげん》より以前《いぜん》に、新たな国における原水爆投下ということもありえるのではないかと思います。

「自分のことに関しては痛《いた》みが分かるが、他人《たにん》の痛みは分からない」ということがあるのではないかと思います。ですから、そういう時期も近づいているのではないかと思います。

ある国に核兵器《へいき》があって、別《べつ》の国に核兵器がない場合、最終手段としては、「言うことをきかないならば、核攻撃《こうげき》によってあなたがたを絶滅《ぜつめつ》させる」ということを宣言《せんげん》すれば、これはもう完全な奴隷《どれい》になるか、地上で死滅するか、どちらかを選《えら》ぶということになります。

核のない時代であっても、西洋列強がアジアそして南米等を支配していた時代もありますが、そういうふうに「植民地《しょくみんち》にならなければ皆殺《みなごろ》しになる」という選択肢が来るかもしれませんし、また、宇宙時代に突入《とつにゅう》しましたので、「宇宙からの攻撃」ということも今後は起きるかもしれず、地上での人類の生存条件《じょうけん》はかなり制約を受けることになるかもしれません。

ですから、まずは事実を知り、現状を認識することから始めるべきだと思います。この星を「悪魔の星」にしてはならないということです。

悪魔の星とはどういうことかということですけれども、「悪が支配する地球」ということです。

例えば、暴力団の役員が警察署長《しょちょう》をしていたり、町長や市長や、あるいは県知事や総理大臣《だいじん》をしているとしたら、その時代を生きる人たちは大変《たいへん》な苦労《くろう》を味わうことになるでしょう。それだけでなく、それが暴力団ではなくて、例えば精神《せいしん》異常者に近い人たちだったとすれば、もっと残忍《ざんにん》なものになります。

自分に歯向かう者、あるいはその気配《けはい》を持つ者、そうした思想を持つ者を徹底《てってい》的に弾圧《だんあつ》して虐殺《ぎゃくさつ》する時代というのは、実は過去、何度も何度も起きています。ただ、時代性の制約があってどうしても一部の所にとどまっていたことが多いわけですけれども、例えば、「ナチスによるユダヤ人迫害《はくがい》のようなものが、世界レベルで起きたらどうなるか」ということを考えると、それは実におぞましいことが起きるということです。

世界皇帝《こうてい》なる者が出現し、もし、「今後、神仏を信仰《しんこう》するような者が出てきたら、その民族を、その国を滅《ほろ》ぼす」というようなことになってきましたら、人々の信仰はなくなっていくことになるだろうと思うのです。

そういうふうに、「人間がつくり出した武器とか攻撃兵器によって、人間自身が支配されている時代になっている」、また、「人間がつくり出したコンピュータ世界が、人間そのものを、アリの一匹《ぴき》一匹を管理《かんり》するように見る時代に入ってきた」ということです。

## 3 人間性を取り戻《もど》す「精神《せいしん》的な戦《たたか》い」を始めよ

### 現代《げんだい》において世界各地《かくち》に「エル・カンターレ信仰《しんこう》」を立てる

私からのメッセージは、まず、「人間性の回復《かいふく》」ということになります。「人間が本来持つべき使命、それを取り戻《もど》すことが大事である」ということです。

人間には、信仰《しんこう》する本能《ほんのう》があります。小さなアリのような動物がどうであるかは別《べつ》にして、人間が人間であるゆえんは、やはり「神仏《しんぶつ》の存在《そんざい》というものを信仰する本能がある」ということであり、それが魂《たましい》の前提《ぜんてい》なのです。

というのも、「この世に生きている人たちの魂も、またもう一段《いちだん》大きい魂の片割《かたわ》れであり、そのもう一段大きい魂もまた、もっと大きな魂の片割れであり……」というかたちで、だんだんに分光《ぶんこう》してきているものだからです。

もともと、人間のなかに宿る光は、神仏の魂の光の欠片《けっぺん》です。〝かけら〟です。

ですから、それを単《たん》なる塵芥《ちりあくた》と同じにしてはならないというのは、当然《とうぜん》の義務《ぎむ》であるわけです。

だから、今こそ、「精神《せいしん》的な戦《たたか》い」を始めなくてはならないと思います。

特《とく》に、これから戦争《せんそう》を始める国たちにとっては、自分たちが、自分たちの国の指導者《しどうしゃ》の言うとおりに動いていると思っているかもしれないけれども、自分たちの国の指導者もまた、宇宙《うちゅう》から来ている暗黒の使者たちに操《あやつ》られ始めているということを知らねばなりません。

霊的《れいてき》には、「憑依《ひょうい》」というかたちもありますし、「インスピレーションを与《あた》える」というかたちもありますし、もう一つは、「宇宙船のなかにあって、地上の肉体にウォーク・インする」というかたちで入ってくるスタイルもあります。そういうふうに、今、支配《しはい》を受け始めている者たちが増《ふ》えてきているというふうに思います。

そのための「最終決戦《さいしゅうけっせん》の日」は近づきつつあるように思いますが、残念《ざんねん》ながら、光の勢力《せいりょく》はまだまだ弱すぎて、悪の勢力がいつの間にか地下茎《ちかけい》のように地面の下で広がっていることに対して、とても残念な気持ちでいっぱいです。

「神は死んだ」と言ったニーチェの本なども初版《しょはん》四十部とか百部とかを自費《じひ》出版したレベルであったのに、いつの間にか、マスコミもその〝拡散《かくさん》の道具〟に使われて、あるいは教育も使われて、世界中にいろいろなかたちで浸透《しんとう》してきておりますす。哲学《てつがく》も科学も「神は死んだ」ということを前提にしてつくられていくならば、あらゆる学問体系《たいけい》も同じようになっていきます。

こういう地上になり、もはや思想戦で引っ繰《く》り返すことができなかったら、人《じん》類《るい》の絶滅《ぜつめつ》もありえるということです。

それはかつてのアトランティスやムーやレムリア（ラムディア）で起きたことと同じことですが、最終的にそこまで行くこともあるということです。わずか一万年余《あま》り前にそういうことも起きましたので、今も起きないわけではないということです。

その日は突然《とつぜん》にやって来ます。突然にやって来て、人間たちに準備《じゅんび》をさせないことになるだろうと思います。だから、みなさまがたに言いたいことは、「力を尽《つ》くして、今、生きている寿命《じゅみょう》のなかで、やれるだけのことをやっていただきたい」ということです。

では、何をやっていただきたいのかということを明確《めいかく》に言うとしましょう。

それを明確化するとするならば、今、現代《げんだい》においては、「エル・カンターレ信仰」というものをキチッと立ててもらいたいと思います。それは、日本だけでなく世界各地《かくち》にキチッとエル・カンターレ信仰を立てるということです。

「このエル・カンターレと今呼《よ》ばれているものが、かつて地球の造物主《ぞうぶつしゅ》だったアルファであり、この地上に善悪《ぜんあく》を立てたエローヒムであるということ、そして、今、地球の最終危機《きき》と戦おうとしている存在であるということ」を信じることです。これを立てていただきたい。

## 「正しき心の探究《たんきゅう》」としての「現代《げんだい》の四正道《よんしょうどう》」を実践《じっせん》せよ

そうした信仰心を持って生きていくことを、大きな意味において「正しき心の探究《たんきゅう》」といいます。

そして、その「正しき心の探究」の中身とは何であるかといえば、「愛《あい》・知《ち》・反省《はんせい》・発展《はってん》」という「現代《げんだい》の四正道《よんしょうどう》」に、今は集約《しゅうやく》されています。

・愛《あい》――「奪《うば》う愛」から「与《あた》える愛」へのパラダイムシフトを

まずは「愛《あい》」の教えですが、この考え方がほとんどの場合、誤解《ごかい》されています。「愛とは他人《ひと》から奪《うば》うもの、もらうもの」とばかり考えている人が増えています。

この考え方は共産《きょうさん》主義のなかにも蔓延《まんえん》しております。共産主義の場合は、経済《けいざい》的な意味が多く、「持てる者から収奪《しゅうだつ》して、持てない者がそれを奪う」というかたちですけれども、考え方に誤《あやま》りがあると思います。

人がこの世に生まれるのは、やはり、その人の努力《どりょく》や実績《じっせき》というものを通して魂的に向上させることが目的ですから、いわゆる「働《はたら》かずして、人が汗水《あせみず》を垂《た》らして手に入れたものを奪い取る」「システム的に奪い取る」ということはよいことではありませんし、本人たちを堕落《だらく》させることにもなりかねません。

もう一つは、自由主義社会といわれるなかにある「社会福祉《ふくし》主義」です。これらも、一定の人類の知恵《ちえ》として福祉思想があること自体まで否定《ひてい》しているわけではありませんが、結果《けっか》的には共産主義の代わりになって不平不満《ふへいふまん》を吸収《きゅうしゅう》するためだけに、そういうふうになっていることもあります。

ですから、これは、神仏の力を使わずしても、この世において、国家が財政破《ざいせいは》綻《たん》し、国が崩壊《ほうかい》していくきっかけにもなっていると思います。

この日本という国においても、国民《こくみん》が納《おさ》める税金《ぜいきん》の二倍の金を政府《せいふ》が使い続《つづ》けているという状態《じょうたい》です。これが何を意味するかということですが、「いずれかの時点で国家が破綻する」ということを意味しています。これは、アメリカにおいてもEUの大部分の国においてもそうだし、アジアやアフリカの貧《まず》しい国においてもすでに起きていることです。

結論《けつろん》は、「足るを知る」ということで、自分の働きに見合った生活をすることを考えていかねばならないということです。

愛を、「奪う愛」から「与《あた》える愛」へとパラダイムシフトしていくことが大事であるということだし、この「与える愛」こそ、神仏が人類を生かしめてきた力なのだということです。あの太陽の光のように、あまねく光を降《ふ》り注《そそ》ぐ、その一《いち》翼《よく》を担《にな》うということが、人類の行《ぎょう》ずべき「愛」という言葉の意味になります。

### ・知――霊的《れいてき》な真実に裏打《うらう》ちされた「仏法真理《ぶっぽうしんり》」を学ばなければ、魂《たましい》の向上にならない

それから、「愛・知・反省・発展」の「知」は何かということですけれども、これは「仏法真理《ぶっぽうしんり》」のことであって、本当の世界観《かん》や霊的《れいてき》な真実、神仏の教え、こういうものに裏打《うらう》ちされた知識《ちしき》でなければ、この世で学んでも魂《たましい》の向上にはならないということです。

だから、「神は死んだ」とか、「唯物論《ゆいぶつろん》がすべてだ」とか、「この世の利便性《りべん》だけが、もう最高のものだ。幸福なのだ」というふうにだけ考えていくならば、間《ま》違《ちが》っていると言わざるをえないし、「自分がどこから来て、どこへ行くのかさえも知らない人類」というのは、ちょうど、「駅のホームに立って、自分が何のた

めに駅のホームに立っているのかを知らない人間」と同じです。

それは、次に来る列車を待っていて、それに乗ってどこかに行こうとしているということであり、「どこから来て、どこへ行くかを知らない」ということは、「自分自身を見失《みうしな》っている」ということと同じなのです。

・反省《はんせい》——犯《おか》した罪《つみ》や思い、行いを振《ふ》り返り、心を磨《みが》く

さらに、「反省《はんせい》」という言葉を述《の》べております。

人は地獄《じごく》に堕《お》ちることがあります。仏法真理に反した生き方をしたときに、地獄に堕ちます。

ただ、そのときに、いたずらに反逆心《はんぎゃくしん》を起こして、神への反抗《はんこう》に加担《かたん》するだけであってはならないということです。自分自身が、自分自身の犯《おか》した罪《つみ》や思い、行いを振《ふ》り返り、反省することによって、心を磨《みが》いて天上界《てんじょうかい》に還《かえ》っていくという機能を与えられているのです。

だから、その力を、もう一度、取り戻してほしいと思います。それを、生きていくうちの学習の中心軸《じく》に置《お》いてほしいと思っています。

## ・発展《はってん》――徳《とく》を積《つ》んだ者が多くの人たちを導《みちび》いていけるユートピアづくりを

そして、最後に「発展《はってん》」という言葉が来ますけれども、この発展のなかには「ユートピアづくり」ということも入っています。

ユートピアづくりは、いろいろな思想のなかで述べられていることではありますけれども、「ユートピアなのか、ディストピアなのか」ということを峻別《しゅんべつ》できないようでは駄目《だめ》です。

ジョージ・オーウェルの『1984年』や『動物農場』に書かれているような、そういう社会をユートピアと考えてはなりません。この地上において修行《しゅぎょう》し、徳《とく》を積《つ》んだ者が、多くの人たちを導《みちび》いていけるような、そういう国や社会を目指していかねばなりません。

いやしくも、人の上に立つ者が、嘘偽《うそいつわ》りを駆使《くし》し、そして、お金や地位《ちい》や名誉《めいよ》を利用して、人々を扇動《せんどう》する力でもって権力《けんりょく》をつくっているということは許《ゆる》しがたいことだし、陰謀《いんぼう》によって世の中を自由に動かすということも問題外だし、ましてや、マスコミを使って誤った情報《じょうほう》のほうに人々を誘導《ゆうどう》して、全員を海のなかに突《つ》き落とすようなことがあってはならないと思います。

本来のユートピア社会は、霊天上界とも調和できるものでなければなりません。マスコミの原理が、「疑《うたが》い」「疑《ぎ》」ということを中心に発展しすぎていることに対して、たいへん悲しみを感じております。

また、この世における知識の獲得《かくとく》を一つの身分制《せい》として、現代、民主主義社会のなかにおける身分制社会として、知の獲得をもってそれに代替《だいたい》していることが流行《はや》ってきておりますけれども、その「知識を得《え》る」ということは、「智慧《ちえ》を得る」ということと必《かなら》ずしも同じことではありません。

知識のなかにおいて、ダイヤモンドの光を宿しているものを選《えら》び出すこと、そして、そうした本物の知識に、「人生修行」という名の経験《けいけん》を通すことによって智慧をつくり出していくこと――これが大事なことです。

これなくして、単なる点数とか偏差値《へんさち》とかいうようなもので、学歴《がくれき》主義で、人々を統治《とうち》階級に上げるか上げないかを決めて、その偏差値でもって、生まれつきの貴族《きぞく》のごとく、人々を見下したり、支配したり、命令《めいれい》したりする根拠《こんきょ》とすることは、残念ながら、「天上界的なものではない」と言わざるをえません。それは一つの迷妄《めいもう》だというふうに考えられます。

四正道で、唯物論《ゆいぶつろん》やこの世的な科学主義《しゅぎ》ではない、

よりよい社会をつくる努力《どりょく》を

ですから、虚心坦懐《きょしんたんかい》に考えて、

「神仏の心を心として生きているかどうか。

神仏の智慧を自分の智慧としているかどうか」、
そういうことを謙虚《けんきょ》に反省しながら努力《どりょく》していく人たちが、
数多くの智慧を増やして、人々を導くことが大事です。
そういう世界のなかに、
愛が溢《あふ》れ、
自分の間違いを認《みと》め、
真理を学習し合い、
よりよい社会をつくっていこうと努力することが大事であって、
その行く先は、
唯物論《ゆいぶつろん》や、この世的な意味に限《かぎ》られた科学主義《しゅぎ》ではないということです。

いくら科学が進んだとしても、まだ生命の神秘《しんぴ》は解《と》けていません。
なぜ、土のなかの小さな卵《たまご》が地上に出てきて、カブトムシやクワガタムシになるのか。
それさえ十分に分かりません。
なぜ、人体が出来上がってくるのか。
なぜ、体のなかの内臓《ないぞう》が、それぞれの使命を果《は》たすのか。
自分でつくったわけでもないのに、
脳内《のうない》の組織《そしき》がいろいろな機能を持っているのはなぜなのか。
ＤＮＡというものを解明したところで、
なぜ、そういうものができているのか。
人類にはそれを明らかにすることができません。
愚《おろ》かな科学者には、
「ＤＮＡこそ魂の正体だ」と言っている者もあります。
そして、「親、子、孫《まご》とＤＮＡがつながっていくことが、
魂の転生輪廻《てんしょうりんね》と同じことだ」

というふうに考える者もありますが、
実に、「宗教的《しゅうきょうてき》な無知《むち》が、現代において違うかたちで表現された」
というふうに言わざるをえないと思います。

## 4 「地球を魂修行《たましいしゅぎょう》の場として維持《いじ》したい」という希望《きぼう》

「真《しん》・善《ぜん》・美《び》」の世界を打ち立てることこそ、地上でのユートピアづくり

私の希望《きぼう》はやはり、
「来世以降《らいせいいこう》も、この地球というものを、
多くの魂《たましい》の転生輪廻《てんしょうりんね》の場として、
修行《しゅぎょう》の場として、使えるように維持《いじ》したい」
ということであり、

また、「この地球が、宇宙《うちゅう》から見て、魂修行の場として、極《きわ》めて好《この》まれている場所である」ということを、多くの人たちに理解《りかい》してほしいというふうに思います。

教育の根本《こんぽん》から立ち返って見直さなければならないですが、できれば、すべてのことを通して、この地上に善《ぜん》なる世界を打ち立てることが大事だと思うし、「真《しん》・善・美《び》」の世界、
真なる世界であり、
善なる世界であり、
美なる世界を打ち立てることこそ、
地上でのユートピアづくりになるということだと思います。
ただ、この地上のユートピアは、決して、

永遠《えいえん》にこの地上に魂が執着《しゅうちゃく》するためのユートピアであってはなりません。
いずれ肉体を去り、あの世においては、食物も食べない、
お互《たが》いに手を握《にぎ》り合うこともできないような世界に移行《いこう》します。
「そうした幻影《げんえい》のような世界に移行するが、
それが実体の世界であるのだ」ということを理解するところまで、
人間は賢《かしこ》くなければならないと思っています。

地獄界《じごくかい》の増大《ぞうだい》と悪の蔓延《まんえん》のなかで、
「一人ひとりの心を救《すく》う」という大きな使命を各人《かくじん》が果《は》たせ

今、地獄界《じごくかい》の増大《ぞうだい》と、
地上世界における、生きている人たちの心のあり方の、悪の蔓延《まんえん》に、
たいへん心配を重ねています。
どうか、人々に、強くあってほしいと思うし、

「目に見えない世界が本当の世界で、目に見える世界が仮《かり》の世界だ」という、実に、この世的に足場を置《お》いている者にとっては、分かりにくいことではあろうけれども、「この世で目が見えている者が実は見えていなくて、この世のものでないものが見えている者が、本当に目が見えている者である」という、逆説《ぎゃくせつ》的な真理を学んでいただきたいと思います。

これさえ分かれば、すべての宗教《しゅうきょう》の根本にあることが、その意味が分かると思います。この世のあらゆる苦しみや悲しみも、来世以降の幸福のためにあるものです。ですから、この世の苦しみや悲しみを、そのまま、自分の人生と同一視《どういつし》してはなりません。

経験《けいけん》は経験——。

しかし、そこから学び取ってこそ、真実は光ってくるものだということを、忘《わす》れないでいただきたいと思います。

これから、真実への戦《たたか》いの時代に入っていきます。
まだまだ、私の思いとはるかにかけ離《はな》れた現実《げんじつ》が維持されております。
どこまで我慢《がまん》ができるかは分かりませんけれども、
ただ、危機《きき》は近づいているし、現に今、起きている。
今、危機のなかを走っているのだということを、
知っていただきたいと思います。

本当に尊《とうと》いものを尊いものとして、尊くないものは尊くないものとして、
見分けて生きていくことを望《のぞ》みたいと思います。

「救世主《きゅうせいしゅ》からのメッセージ」として私から発せられることは、以上になります。

どうか、この真意を汲《く》み取っていただきたいと思います。

数多くの書籍群《しょせきぐん》が、この内容《ないよう》を補《おぎな》っているものだと思います。

どうか、「一人ひとりの心を救《すく》う」という、そういう大きな使命を、各人《かくじん》が果《は》たしてくださることを、心より祈念《きねん》してやみません。

# あとがき

「今どき、閻魔大王《えんまだいおう》だ、赤鬼《あかおに》だ、バカも休み休み言え。」そう思われる方も多かろう。「それは『日本昔話』の時代だ」と。教科書にも書いてないし、入試にも出ない。釈尊《しゃくそん》は縄文式時代人《じょうもんしきじだいじん》だし、イエスは大工《だいく》のドラ息子。ソクラテスは、神の名を偽《いつわ》った、多数決の敵。

天御祖神《あめのみおやがみ》が、日本民族を創るために、三万年前に、アンドロメダ銀河《ぎんが》から富士山に飛来したって？

「男女が好きにセックスして何が悪い。犬と同じよ。」

「宗教なんて全部洗脳《せんのう》で、霊感商法《れいかんしょうほう》さ。」

そう言っているジャーナリストに天使もいないし、弁護士だって地獄に堕《お》ちる。「国葬《こくそう》」になっても閻魔様《えんまさま》に舌を引っこ抜かれる奴《やつ》もいる。

この世で「大《だい》」なる者は「小《しょう》」となり、この世で「小」なる者が「大」となる。心の善悪《ぜんあく》も判《わか》らなければ、学歴、職歴、勲章《くんしょう》歴にかかわりなく、あなたは地獄行きだ。

二〇二二年　十一月

幸福《こうふく》の科学《かがく》グループ創始者兼総裁《そうししゃけんそうさい》　大川隆法《おおかわりゅうほう》

本書は左記の法話をとりまとめ、加筆したものです。

第1章　地獄入門
二〇二二年七月二十四日説法
幸福の科学 特別説法堂

第2章　地獄の法
二〇二二年七月二十五日説法
幸福の科学 特別説法堂

第3章　呪いと憑依
二〇二二年八月一日説法
幸福の科学 特別説法堂

第4章　悪魔との戦い
二〇二二年八月三日説法
幸福の科学 特別説法堂

第5章　救世主からのメッセージ
二〇二二年八月六日説法
幸福の科学 特別説法堂

## 『地獄の法』関連書籍

『太陽の法』（大川隆法 著　幸福の科学出版刊）
『黄金の法』（同右）
『永遠の法』（同右）
『秘密の法』（同右）
『悪魔からの防衛術』（同右）
『真のエクソシスト』（同右）
『あなたの知らない地獄の話。』（同右）
『地獄の方程式』（同右）
『呪いについて』（同右）
『「呪い返し」の戦い方』（同右）
『小説　十字架の女①〈神秘編〉』（同右）

『愛は風の如く』全四巻（同右）
『ゾロアスター　宇宙の闇の神とどう戦うか』（同右）
『江戸の三大閻魔大王の霊言』（同右）
『色情地獄論――草津の赤鬼の霊言――』（同右）
『色情地獄論②――草津の赤鬼　戦慄の警告――』（同右）

※左記は書店では取り扱っておりません。最寄りの精舎・支部・拠点までお問い合わせください。
『大川隆法霊言全集　第9巻　ソクラテスの霊言／カントの霊言』
（大川隆法 著　宗教法人幸福の科学刊）
『大川隆法霊言全集　第10巻　エジソンの霊言／リンカーンの霊言
／ガンジーの霊言』（同右）
『大川隆法霊言全集　第17巻　谷口雅春の霊言①』（同右）
『大川隆法霊言全集　第18巻　谷口雅春の霊言②』（同右）

**地獄《じごく》の法《ほう》**—あなたの死後を決める「心の善悪」—

2023年1月1日　初版第1刷

著　者　大《おお》　川《かわ》　隆《りゅう》　法《ほう》

発行所　幸福の科学出版株式会社

〒107-0052 東京都港区赤坂2丁目10番8号
TEL(03)5573-7700
https://www.irhpress.co.jp/

印刷　株式会社 研文社
製本　株式会社 ブックアート

落丁・乱丁本はおとりかえいたします

ISBN978-4-8233-0393-7 C0014

カバー , p.17, p.87, p.149, p.217, p.277 Ma ry/Shutterstock.com
装丁・イラスト・写真（上記・パブリックドメインを除く）© 幸福の科学

大川隆法 法シリーズ・**人生の目的と使命を知る《基本三法》**

# 太陽の法

## エル・カンターレへの道

創世記や愛の段階、悟りの構造、文明の流転を明快に説き、主エル・カンターレの真実の使命を示した、仏法真理の基本書。23言語で発刊され、世界中で愛読されている大ベストセラー。

第１章　太陽の昇る時
第２章　仏法真理は語る
第３章　愛の大河
第４章　悟りの極致
第５章　黄金の時代
第６章　エル・カンターレへの道

2,200円

---

# 黄金の法

## エル・カンターレの歴史観

歴史上の偉人たちの活躍を鳥瞰しつつ、隠されていた人類の秘史を公開し、人類の未来をも予言した、空前絶後の人類史。

2,200円

# 永遠の法

## エル・カンターレの世界観

『太陽の法』（法体系）、『黄金の法』（時間論）に続いて、本書は、空間論を開示し、次元構造など、霊界の真の姿を明確に解き明かす。

2,200円

※表示価格は税込10%です。

## メシアの法

### 「愛」に始まり「愛」に終わる

「この世界の始まりから終わりまで、あなた方と共にいる存在、それがエル・カンターレ」──。現代のメシアが示す、本当の「善悪の価値観」と「真実の愛」。

2,200円

## 秘密の法

### 人生を変える新しい世界観

あなたの常識を一新させ、世界がより美しく、喜びに満ちたものになるように──。降魔の方法や、神の神秘的な力、信仰の持つ奇跡のパワーを解き明かす。

2,200円

## 鋼鉄の法

### 人生をしなやかに、力強く生きる

自分を鍛え抜き、迷いなき心で、闇を打ち破れ──。人生の苦難から日本と世界が直面する難題まで、さまざまな試練を乗り越えるための方法が語られる。

2,200円

## 大川隆法ベストセラーズ・地獄界の真実

### あなたの知らない地獄の話。

**天国に還るために今からできること**

無頼漢、土中、擂鉢《すりばち》、畜生、焦熱、阿修羅、色情、餓鬼、悪魔界──、現代社会に合わせて変化している地獄の最新事情とその脱出法を解説した必読の一書。

1,650円

### 地獄に堕ちた場合の心得

**「あの世」に還る前に知っておくべき智慧**

身近に潜む、地獄へ通じる考え方とは?地獄に堕ちないため、また、万一、地獄に堕ちたときの「救いの命綱」となる一冊。〈付録〉中村元・渡辺照宏の霊言

1,650円

### 地獄の方程式

**こう考えたらあなたも真夏の幽霊**

どういう考え方を持っていると、死後、地獄に堕ちてしまうのか。その「心の法則」が明らかに。「知らなかった」では済まされない、霊的世界の真実。

1,650円

※表示価格は税込10%です。

## 大川隆法霊言シリーズ・**死後、地獄に堕ちないために**

# 色情地獄論

### 草津の赤鬼の霊言

これは昔話ではない！ 現代人の多くが行く「色情地獄」の実態とは──。地獄の執行官・草津の赤鬼が、現代の誤った常識による乱れた男女観をぶった斬る！

1,540円

# 色情地獄論②

### 草津の赤鬼 戦慄の警告

〝普通の恋愛〟をしているつもりでも、来世は地獄行き？ 誤った男女関係やLGBTQ等、性的な問題で道を外れた現代人に対し、地獄の執行官・草津赤鬼が一喝！

1,540円

# 江戸の三大閻魔大王の霊言

### 「あの世の裁判官」の真実に迫る

あなたも何年後か何十年後かに、あの世で会う可能性がある!? 死後の行き先を決める〝怖い霊存在〟の正体と、そのお裁きの実態に迫る。

1,540円

## 大川隆法ベストセラーズ・呪いの真相に迫る

### 呪いについて

**「不幸な人生」から抜け出すためには**

ネット社会の現代でも「呪い」は飛び交い、不幸や災厄を引き起こす──。背景にある宗教的真実を解き明かし、「呪い」が生まれる原因とその対策を示す。

1,650円

---

### 「呪い返し」の戦い方

**あなたの身を護る予防法と対処法**

あなたの人生にも「呪い」は影響している──。リアルな実例を交えつつ、その発生原因から具体的な対策まで解き明かす。運勢を好転させる智慧がここに。

1,650円

---

### 生霊論《いきりょうろん》

**運命向上の智慧と秘術**

人生に、直接的・間接的に影響を与える生霊──。「さまざまな生霊現象」「影響を受けない対策」「自分がならないための心構え」が分かる必読の一書。

1,760円

※表示価格は税込10%です。

## 大川隆法ベストセラーズ・人生を正しく生きる指針

# 自分を鍛える道

### 沈黙の声を聞き、本物の智慧を得る

成功を持続させる極意がここに。本書の題名どおり、「自分を鍛える道」そのものの人生を生きてきた著者が明かす、「知的生産」の源泉と「創造」の秘密。

1,760円

---

# 自助論の精神

### 「努力即幸福」の境地を目指して

運命に力強く立ち向かい、「努力即幸福」の境地へ——。嫉妬心や劣等感の克服、成功するメカニカルな働き方等、実践に基づいた珠玉の人生訓を語る。

1,760円

---

# 私の人生論

### 「平凡からの出発」の精神

「努力に勝る天才なしの精神」「信用の獲得法」など、著者の実践に裏打ちされた「人生哲学」を語る。人生を長く輝かせ続ける秘密が明かされる。

1,760円

※表示価格は税込10%です。

## 信仰の法

### 地球神エル・カンターレとは

さまざまな民族や宗教の違いを超えて、地球をひとつに——。文明の重大な岐路に立つ人類へ、「地球神」からのメッセージ。

2,200円

## エローヒムの降臨

### 映画「宇宙の法—エローヒム編—」参考霊言

1億5000万年前に降臨し、善悪・正義・慈悲を説かれた地球神エローヒム——。その実像や、当時の地球の様子、宇宙人との交流など、人類の秘史が明かされる。

1,760円

## 天《あめの》御《み》祖神《おやがみ》の降臨

### 古代文献『ホツマツタヱ』に記された創造神

3万年前、日本には文明が存在していた——。日本民族の祖《おや》が明かす、歴史の定説を超越するこの国のルーツと神道の秘密、そして宇宙との関係。秘史を記す一書。

1,760円

# 幸福の科学グループのご案内

**宗教、教育、政治、出版などの活動を通じて、地球的ユートピアの実現を目指しています。**

## 幸福の科学

一九八六年に立宗。信仰の対象は、地球系霊団の最高大霊、主エル・カンターレ。世界百六十六カ国以上の国々に信者を持ち、全人類救済という尊い使命のもと、信者は、「愛」と「悟り」と「ユートピア建設」の教えの実践、伝道に励んでいます。

（二〇二二年十一月現在）

### 愛

幸福の科学の「愛」とは、与える愛です。これは、仏教の慈悲《じひ》や布施《ふせ》の精神と同じことです。信者は、仏法真理をお伝えすることを通して、多くの方に幸福な人生を送っていただくための活動に励んでいます。

### 悟り

「悟り」とは、自らが仏の子であることを知るということです。教学《きょうがく》や精神統一によって心を磨き、智慧《ちえ》を得て悩みを解決すると共に、天使・菩薩《ぼさつ》の境地を目指し、より多くの人を救える力を身につけていきます。

### ユートピア建設

私たち人間は、地上に理想世界を建設するという尊い使命を持って生まれてきています。社会の悪を押しとどめ、善を推し進めるために、信者はさまざまな活動に積極的に参加しています。

国内外の世界で貧困や災害、心の病で苦しんでいる人々に対しては、現地メンバーや支援団体と連携して、物心両面にわたり、あらゆる手段で手を差し伸べています。

年間約２万人の自殺者を減らすため、全国各地で街頭キャンペーンを展開しています。

公式サイト **www.withyou-hs.net**

**自殺防止相談窓口**

受付時間　火～土:10～18時（祝日を含む）

TEL **03-5573-7707**　メール **withyou-hs@happy-science.org**

ヘレン・ケラーを理想として活動する、ハンディキャップを持つ方とボランティアの会です。視聴覚障害者、肢体不自由な方々に仏法真理を学んでいただくための、さまざまなサポートをしています。

公式サイト **www.helen-hs.net**

## 入会のご案内

幸福の科学では、大川隆法総裁が説く仏法真理《ぶっぽうしんり》をもとに、「どうすれば幸福になれるのか、また、他の人を幸福にできるのか」を学び、実践しています。

### 入会

### 仏法真理を学んでみたい方へ

大川隆法総裁の教えを信じ、学ぼうとする方なら、どなたでも入会できます。入会された方には、『入会版「正心法語《しょうしんほうご》」』が授与されます。

入会ご希望の方はネットからも入会申し込みができます。

**happy-science.jp/joinus**

### 三帰《さんき》誓願《せいがん》

### 信仰をさらに深めたい方へ

仏弟子としてさらに信仰を深めたい方は、仏《ぶっ》・法《ぽう》・僧《そう》の三宝《さんぽう》への帰依を誓う「三帰誓願式」を受けることができます。三帰誓願者には、『仏説・正心法語』『祈願文《きがんもん》①』『祈願文②』『エル・カンターレへの祈り』が授与されます。

幸福の科学 サービスセンター
TEL 03-5793-1727（受付時間／火～金:10～20時 土・日祝:10～18時（月曜を除く））

幸福の科学 公式サイト
happy-science.jp

# ハッピー・サイエンス・ユニバーシティ

Happy Science University

## ハッピー・サイエンス・ユニバーシティとは

ハッピー・サイエンス・ユニバーシティ(HSU)は、大川隆法総裁が設立された「現代の松下村塾」であり、「日本発の本格私学」です。
建学の精神として「幸福の探究と新文明の創造」を掲げ、
チャレンジ精神にあふれ、新時代を切り拓く人材の輩出を目指します。

人間幸福学部　経営成功学部　未来産業学部

**HSU長生キャンパス** TEL **0475-32-7770**
〒299-4325 千葉県長生郡長生村一松丙 4427-1

未来創造学部

**HSU未来創造・東京キャンパス**
TEL **03-3699-7707**
〒136-0076 東京都江東区南砂2-6-5　公式サイト **happy-science.university**

# 学校法人 幸福の科学学園

学校法人 幸福の科学学園は、幸福の科学の教育理念のもとにつくられた教育機関です。人間にとって最も大切な宗教教育の導入を通じて精神性を高めながら、ユートピア建設に貢献する人材輩出を目指しています。

**幸福の科学学園**
**中学校・高等学校（那須本校）**
2010年4月開校・栃木県那須郡（男女共学・全寮制）
TEL **0287-75-7777** 公式サイト **happy-science.ac.jp**

**関西中学校・高等学校（関西校）**
2013年4月開校・滋賀県大津市（男女共学・寮及び通学）
TEL **077-573-7774** 公式サイト **kansai.happy-science.ac.jp**

## 仏法真理塾「サクセスNo.1」

全国に本校・拠点・支部校を展開する、幸福の科学による信仰教育の機関です。小学生・中学生・高校生を対象に、信仰教育・徳育にウエイトを置きつつ、将来、社会人として活躍するための学力養成にも力を注いでいます。

TEL 03-5750-0751（東京本校）

## エンゼルプランV

東京本校を中心に、全国に支部教室を展開。信仰をもとに幼児の心を豊かに育む情操教育を行い、子どもの個性を伸ばして天使に育てます。

TEL 03-5750-0757（東京本校）

## エンゼル精舎

乳幼児が対象の、託児型の宗教教育施設。エル・カンターレ信仰をもとに、「皆、光の子だと信じられる子」を育みます。
（※参拝施設ではありません）

## 不登校児支援スクール「ネバー・マインド」

TEL 03-5750-1741

心の面からのアプローチを重視して、不登校の子供たちを支援しています。

## ユー・アー・エンゼル!（あなたは天使!）運動

障害児の不安や悩みに取り組み、ご両親を励まし、勇気づける、障害児支援のボランティア運動を展開しています。

一般社団法人 ユー・アー・エンゼ
TEL 03-6426-7797

### NPO活動支援

学校からのいじめ追放を目指し、さまざまな社会提言をしています。また、各地でのシンポジウムや学校への啓発ポスター掲示等に取り組む一般財団法人「いじめから子供を守ろうネットワーク」を支援しています。

公式サイト mamoro.org　ブログ blog.mamoro.org
相談窓口 TEL.03-5544-8989

## 百歳まで生きる会～いくつになっても生涯現役～

「百歳まで生きる会」は、生涯現役人生を掲げ、友達づくり、生きがいづくりを通じ、一人ひとりの幸福と、世界のユートピア化のために、全国各地で友達の輪を広げ、地域や社会に幸福を広げていく活動を続けているシニア層（55歳以上）の集まりです。

【サービスセンター】TEL 03-5793-1727

## シニア・プラン21

「生涯現役人生」を目指すための「百歳まで生きる会」の養成部門として、活動しています。心を見つめ、新しき人生の再出発、社会貢献を目指しています。

【サービスセンター】TEL 03-5793-1727

# 幸福実現党

幸福実現党 釈量子サイト
**shaku-ryoko.net**
Twitter **釈量子@shakuryoko**で検索

内憂外患《ないゆうがいかん》の国難に立ち向かうべく、2009年5月に幸福実現党を立党しました。創立者である大川隆法党総裁の精神的指導のもと、宗教だけでは解決できない問題に取り組み、幸福を具体化するための力になっています。

## 幸福実現党　党員募集中

あなたも幸福を実現する政治に参画しませんか。

＊申込書は、下記、幸福実現党公式サイトでダウンロードできます。
住所：〒107-0052　東京都港区赤坂2-10-8 6階 幸福実現党本部
TEL **03-6441-0754**　FAX **03-6441-0764**
公式サイト **hr-party.jp**

# HS政経塾

大川隆法総裁によって創設された、「未来の日本を背負う、政界・財界で活躍するエリート養成のための社会人教育機関」です。既成の学問を超えた仏法真理を学ぶ「人生の大学院」として、理想国家建設に貢献する人材を輩出するために、2010年に開塾しました。現在、多数の市議会議員が全国各地で活躍しています。

TEL **03-6277-6029**
公式サイト **hs-seikei.happy-science.jp**

# 出版 メディア 芸能文化　幸福の科学グループ

## 幸福の科学出版

大川隆法総裁の仏法真理の書を中心に、ビジネス、自己啓発、小説など、さまざまなジャンルの書籍・雑誌を出版しています。他にも、映画事業、文学・学術発展のための振興事業、テレビ・ラジオ番組の提供など、幸福の科学文化を広げる事業を行っています。

アー・ユー・ハッピー？
**are-you-happy.com**

ザ・リバティ
**the-liberty.com**

幸福の科学出版
TEL **03-5573-7700**
公式サイト **irhpress.co.jp**

**THE FACT**

**ザ・ファクト**
マスコミが報道しない「事実」を世界に伝えるネット・オピニオン番組

ザ・ファクト　検索

NEW STAR PRODUCTION

## ニュースター・プロダクション

「新時代の美」を創造する芸能プロダクションです。多くの方々に良き感化を与えられるような魅力あふれるタレントを世に送り出すべく、日々、活動しています。 公式サイト **newstarpro.co.jp**

ARI Production

## ARI《アリ》 Production《プロダクション》

タレント一人ひとりの個性や魅力を引き出し、「新時代を創造するエンターテインメント」をコンセプトに、世の中に精神的価値のある作品を提供していく芸能プロダクションです。 公式サイト **aripro.co.jp**

# 大川隆法　講演会のご案内

大川隆法総裁の講演会が全国各地で開催されています。講演のなかでは、毎回、「世界教師」としての立場から、幸福な人生を生きるための心の教えをはじめ、世界各地で起きている宗教対立、紛争、国際政治や経済といった時事問題に対する指針など、日本と世界がさらなる繁栄の未来を実現するための道筋が示されています。

22年7月7日 さいたまスーパーアリーナ
い人生観の打破」

2019年7月5日 福岡国際センター
「人生に自信を持て」

2019年10月6日 ザ ウェスティン ハーバーキャッスル トロント(カナダ)
「The Reason We Are Here」

2011年3月6日 カラチャクラ広場(インド)
「The Real Buddha and New Hope」

2019年3月3日 グランド ハイアット 台北(台湾)
「愛は憎しみを超えて」

講演会には、どなたでもご参加いただけます。
最新の講演会の開催情報はこちらへ。 ⟹ 大川隆法総裁公式サイト
https://ryuho-okawa.org